POLYGLOTT on tour

Salzkammergut

Der Autor

Walter M. Weiss

arbeitete viele Jahre lang als Chefredakteur diverser Kultur- und Reisemagazine. Seit Anfang der 1990er-Jahre hat er, wohnhaft in Wien, als freier Autor für zahlreiche namhafte Verlage Reportagen und über 80 Reise- und Sachbücher geschrieben. Zu seinen Themenschwerpunkten gehören neben dem islamischen und buddhistischen Kulturraum die Geschichte und Gegenwart Österreichs. Nähere Informationen: www.wmweiss.com

Das System der POLYGLOTT Sterne

Auf Ihrer Reise weisen Ihnen die Polyglott-Sterne den Weg zu den bedeutendsten Sehenswürdigkeiten aus Natur und Kultur. Für die Vergabe orientieren sich Autoren und Redaktion am UNESCO-Welterbe.

*** eine Reise wert   ** einen Umweg wert   * sehr sehenswert

Unsere Preissymbole bedeuten:

Hotel (DZ für 2 Personen)		Restaurant (Menü)	
●●●	über 120 €	●●●	über 25 €
●●	65 bis 120 €	●●	13 bis 25 €
●	unter 65 €	●	unter 13 €

Reiseplanung

Land & Leute

Unterwegs im Salzkammergut

Bad Ischl, die inoffizielle Hauptstadt der Region, entzückt mit Kaiser- und Lehárvilla Habsburg- und Operettenfans. Die örtliche Therme sorgt im Verbund mit der herrlich wanderbaren Natur rundum für Erholung, Paradeziele sind die Hausberge Siriuskogl und Katrin.

Der alpine Südosten ist dank dem weltweit ältesten Salzbergwerk, dem so fotogenen Uferort Hallstatt mit seinen Keltenfunden und den Dachstein-Riesenhöhlen Weltkulturerbe-Region. Zudem lockt sommers wie winters rund um den Hallstätter- und die Gosauseen eine spektakuläre Bergwelt.

Diese südöstlichste Ecke bezirzt Besucher mit zeitlosem Charme. Knorrige Holzvillen, Brauchtumspflege und eine zauberhafte Bergnatur – all das weitet rund um Altausseer-, Grundl- und Toplitzsee die Seele. Für Aktivurlauber besonders reich ist das Betätigungsfeld in Bad Mitterndorf, auf Tauplitzalm und Loser.

Echt gut!

Karten

Reiseplanung

Die Reiseregionen][Die schönsten Rundreisen][Touren in der Reiseregion][Klima & Reisezeit][Anreise][Reisen im Land][Sport & Aktivitäten][Unterkunft

Die Reiseregionen im Überblick

Es gibt Landschaften auf dieser Welt, die man im Verdacht haben könnte, allein kitschige Ansichtskarten zu sein. Als wollten sie uns nur vortäuschen, dreidimensional zu existieren. Zu diesen raren Idyllen, in denen Wasser, Wiesen, Felsen und Dörfer auf so perfekt liebliche Weise verteilt sind, zählt zweifelsohne das Salzkammergut. Die Region östlich der Stadt Salzburg zwischen den Trumer Seen im Salzburger Flachgau, dem steirischen Ausseerland und den »großen Vieren« in der Herzzone des Salzkammerguts – Wolfgang-, Atter-, Traun- und Mondsee – gilt bereits seit Kaiser Franz Josephs Zeiten als Ferienlandschaft par excellence. Doch die von lieblichen Hügeln im Norden und von imposanten Alpenmassiven im Südosten – mit Prachtgipfeln wie Zwölferhorn und Schafberg, Traunstein, Dachstein und Loser – gekrönte Landschaft zählt auch zu den allerersten Industrieregionen der Welt. Hier holte man, nomen est omen, bereits vor mehr als 2500 Jahren Salz aus der Erde. Unter der Herrschaft der Habsburger bildete das sogenannte »Kammergut«, worunter man die Gegend um den Hallstätter- und Traunsee mit den beiden Salzorten Hallstatt und Bad Ischl sowie Gmunden, den Sitz des »Salzamts«, verstand, ein gegen die Außenwelt fest abgeschlossenes Territorium. Noch im 19. Jh. brauchte man zur Einreise in dieses »fürstliche Kleinod des Salzsiedens« einen eigenen, vom Salzamt ausgestellten Pass.

In Anbetracht dieser besonderen Geschichte verwundert es nicht, dass sich das Kammergut nach seinen eigenen Gesetzen entwickelte und seine Bewohner bis in die Gegenwart ein spezielles Brauchtum und auch Selbstbewusstsein bewahrt haben. Die Ausdehnung des Begriffs »Salzkammergut« auf das gesamte Seengebiet ist übrigens eine Entwicklung, die erst der Tourismus mit sich brachte.

Salzkammergut-Cards

Für die Region bieten sich zwei preiswerte Touristenkarten (ca. 5 €) an, die bei allen Tourismusbüros und Infostellen sowie vielen Hotels, Pensionen und Partnerbetrieben erhältlich sind: Die **Salzkammergut Erlebnis-Card** bietet bis zu 30% Ermäßigung bei 130 Hauptattraktionen, von Salzbergwerken, Höhlen, Wildparks und Museen bis zu Zug-, Schiff-, Bergbahnfahrten u.v.m. Sie gilt vom 1. Mai bis 31. Okt. Die **Salzkammergut Winter-Card,** die man zwischen 1. Nov. und 15. April beim Kauf eines Drei- oder Mehrtages-Skipasses kostenlos mitüberreicht bekommt, verschafft bis zu 25% Ermäßigungen auf attraktive Angebote und Sehenswürdigkeiten abseits der Piste.

Gmunden am Traunsee mit dem bekannten Seeschloss Ort

Das **nördliche Salzkammergut,** das zur Gänze zu Oberösterreich zählt, ist geprägt von großen Seen, die jeder für sich dank des sehr sauberen Wassers, der dichten touristischen Infrastruktur und der Vielfalt sowohl des gastronomischen als auch des kulturellen Angebotes idealtypische Reviere für Sommer(familien)urlaube darstellen. Die beiden westlichsten Seen, der Irr- und der Mondsee, sind zugleich die wärmsten. Der Attersee als größtes Gewässer ist auch das windreichste und deshalb ein Paradies für Segler und Surfer. Mit 191 m der tiefste ist der ganz im Osten gelegene Traunsee, den die alten Römer *Lacus felix,* den »glücklichen See«, nannten. Ihre Begeisterung lässt sich leicht nachempfinden angesichts der landschaftlichen Harmonie aus steilen Felsufern (im Süden) und lieblichen Hügeln (am Seeausgang). Nahezu mediterranes Flair verströmt die schmucke Kleinstadt Gmunden.

Nicht minder malerisch präsentiert sich im Südwesten des Salzkammerguts die Region von **Fuschl- und Wolfgangsee.** Überwiegend zum Land Salzburg gehörend, locken an ihren Ufern Orte wie Fuschl, St. Gilgen oder Strobl seit Generationen scharenweise Urlauber an. St. Wolfgang blickt zudem auf eine viele Jahrhunderte lange Geschichte als Pilgermagnet zurück. Vergleichsweise stille Idyllen bilden die westlich angrenzenden Ferienorte Hof, Faistenau, Ebenau und Koppl.

Das urbane Herz des Salzkammerguts schlägt in **Bad Ischl,** das sowohl als Sommerresidenz des habsburgischen Kaisers als auch als Mekka der Operettenwelt weithin bekannt ist, Besucher aber auch mit seinem Charme einer Miniaturmetropole, der runderneuerten Therme und seinen hohen gastronomischen Qualitäten bezirzt.

Das sogenannte »Innere Salzkammergut«, inzwischen auf die tourismuskompatible Bezeichnung **Dachstein-Salzkammergut** getauft, bildet die kulturelle Keimzelle des Großraumes. Mit der Bilderbuchortschaft **Hallstatt** als Nabel, die das älteste Salzbergwerk der Welt besitzt und zudem einer ganzen Epoche der Menschheitsgeschichte ihren Namen gab, wurde die Region 1997 zum UNESCO-Weltkulturerbe geadelt. Weitere Highlights sind hier die Mammut- und die Rieseneishöhle im Dachstein-Massiv, das auch über Tage grandiose Hochgebirgserlebnisse bietet.

Schon zur Steiermark gehört das im Südosten gelegene **Ausseerland.** Mit seinem Hauptort Bad Aussee, dem Grundl- und Altausseer See, eingebettet in wildromantischer Bergwelt, zieht die Region seit dem 19. Jh. als Sommerfrische vor allem das urlaubende (Groß-)Bürgertum und die Boheme aus Graz und Wien geradezu magisch an. Eine ähnlich idyllische, von Durchgangsverkehr wie auch vom Massentourismus gänzlich unberührte Alpenlandschaft bildet im äußersten Nordosten, an der Grenze zur sogenannten Eisenwurzen, das Almtal mit dem gleichnamigen See zu Füßen des Toten Gebirges. Hauptorte in seinem oberen Abschnitt sind Grünau, berühmt als Forschungsstätte von Konrad Lorenz, und Scharnstein.

Die schönsten Touren

Acht Tage Kultur zwischen Atter-, Mond- und Traunsee

1 Seewalchen › Nußdorf › Unterach › Mondsee › St. Lorenz › Burgau › Steinbach › Weißenbachtal/Mitterweißenbach › Bad Ischl › Ebensee › Traunkirchen › Altmünster › Gmunden

Distanzen

Seewalchen › Nußdorf 11 km **› Unterach** 10 km **› Mondsee** 25 km **› Burgau** 17 km **› Weißenbachtal/Mitterweißenbach** 17 km **› Bad Ischl** 6 km **› Ebensee** 17 km **› Traunkirchen** 6 km **› Altmünster** 7 km **› Gmunden** 3 km

Verkehrsmittel

Das Auto ist für diese Tour die beste Wahl. Bad Ischl und Gmunden sind auch gut mit der Bahn erreichbar. Eine Alternative, die freilich die Flexibilität unterwegs einschränkt, stellt das gut ausgebaute öffentliche Linienbus-Netz dar.

Als Startpunkt dieser landschaftlich wie kulturgeschichtlich äußerst lohnenden Fahrt bietet sich nicht zuletzt wegen seiner besonders verkehrsgünstigen Lage der Ort ***Seewalchen** › S. 58 an. Hier an der Nordspitze des **Attersees** wartet mit dem Klimt-Themenweg gleich ein erstes Highlight für Kunstfreunde. Ergänzend empfiehlt sich der Besuch des 2012 in ***Schörfling** › S. 57 eröffneten Gustav-Klimt-Zentrums. Mit Bildern und Vita des Jugendstilmalers im geistigen Gepäck, fährt man nun das Westufer des **Attersees** über den gleichnamigen **Ort** › S. 53 und via **Nußdorf** › S. 54 nach Süden. In ***Unterach** › S. 54 lockt der Viktor-Kaplan-Weg mit spannenden Informationen über den berühmten Erfinder der Wasserturbine.

Es folgt eine Schleife Richtung Westen zum **Mondsee.** Dessen Nordufer ist geprägt durch sanft ondulierende Wiesen und Hügel. Der Rückweg führt zu Füßen der mächtigen, 1300 m steil zum Wasser hin abfallenden Drachenwand das Südufer entlang. Auf halbem Weg, am Nordufer des Sees liegt die Marktgemeinde ****Mondsee** › S. 46. Zwei Highlights für Kulturinteressierte sind hier das ehemalige Kloster und heutige Schloss Mondsee mit seiner Basilika und das Pfahlbaumuseum, das die regionale Siedlungstätigkeit im Neolithikum dokumentiert.

Hat man über die Ferienorte Schwarzindien, **St. Lorenz** › S. 50 und Plomberg, vorbei an Strandbädern, Segelschulen und Ferienpensionen, erneut den Attersee erreicht, schwenkt man nach rechts. Bei **Burgau** kann man die imposante ***Burggrabenklamm** › S. 55 durchwandern, in **Steinbach** › S. 56, einige Kilometer nördlich, bei einem Spaziergang über den Künstlerweg mit dem Audioguide am Ohr prominenten Feriengästen von einst, allen voran Gustav Mahler, die Reverenz erweisen.

Nach Nächtigung in einem der malerischen Uferhotels steuert man durch das herrlich menschenleere ***Weißenbachtal** › S. 72 *****Bad Ischl** › S. 97 an. Kaiser- und Lehárvilla, Stadt- und Photomuseum, Sole-Therme und die malerische Umgebung … Die Kaiserstadt und »Miniaturmetropole« des Salzkammerguts gäbe genug für einen mehrtägigen Aufenthalt her. Zumindest eine Nacht samt ausführlichem Stadtrundgang und Einkehr in der berühmten Konditorei Zauner ist obligat.

Tags darauf folgt man der Traun nordostwärts nach ***Ebensee** › S. 70. In der alten Salinenstadt machen mehrere Museen mit der düsteren NS-Zeitgeschichte der Region bekannt. Heiterer stimmen dann Ausflüge zum Offensee, zu den Langbathseen oder auf den Feuerkogel.

Entlang dem felsigen Westufer des Traunsees erreicht man über ***Traunkirchen** › S. 69 und ***Altmünster** › S. 68 – beides Orte mit malerischen Ortsbildern und kostbaren Kirchen – schließlich die Keramikstadt ****Gmunden** › S. 62, deren Altstadt und Seepromenade italienisches Flair versprühen. Ein Besuch der Kammerhof-Museen, eine Führung durch die Keramik-Manufaktur und der Lokalaugenschein des TV-bekannten Seeschlosses Ort bieten sich hier zu guter Letzt an.

Eine Woche im Gebirgsland

–②– Bad Ischl › Bad Goisern › Gosau › Hallstatt › Obertraun/ Dachstein-Krippenstein › Bad Aussee › Altaussee › Grundlsee/ Toplitzsee › Bad Aussee › Bad Mitterndorf

Distanzen:

Bad Ischl › Bad Goisern 9 km › **Gosau/Vorderer Gosausee** 25 km › **Hallstatt** 23 km › **Obertraun/Dachstein-Krippenstein** 5 km › **Bad Aussee** 12 km › **Altaussee** 10 km (hin/zurück) › **Blaa-Alm/Loser** 20 km (hin/zurück) › **Grundlsee/Gössl** 20 km (hin/zurück) › **Bad Aussee › Bad Mitterndorf** 15 km

Verkehrsmittel

Alle Orte auf der Route sind mit öffentlichen Verkehrsmitteln erreichbar – Ausgangs- und Endpunkt per Bahn, alle übrigen mit dem Bus. Wer jedoch zügig vorankommen und seinen Zeitplan selbst bestimmen will, fährt besser mit dem Auto.

Als Startpunkt für die Erkundung des südöstlichen Salzkammerguts bietet sich ***Bad Ischl** › S. 97 an. Kaiser- und Lehárvilla, der malerische Kern des k.u.k.-Städtchens, Sole-Therme und Ausflugsziele in traumhafter Umgebung wie die beiden Hausberge **Siriuskogl** › S. 101 und ***Katrin** › S. 108 … ein Besichtigungstag ist denkbar knapp.

Am Folgetag geht es, nach einer Einkehr im legendären Café Zauner, südwärts nach ***Bad Goisern** › S. 113. Der Ort verfügt mit dem Heimat- und Landler- bzw. dem Holzknechtmuseum und der Chorinskyklause, einer historischen Holzdriftanlage, über mehrere lohnende Sehenswürdigkeiten. Bad Goisern ist Zwischenstation auf dem Weg ins ***Gosautal** › S. 115. Dort besucht man tags darauf den ****Vorderen Gosausee** › S. 115, um vor grandioser Bergkulisse zum ***Hinteren Gosausee** zu wandern. Alternativ – oder ergänzend – entschwebt man für ein paar Stunden per Seilbahn auf die ***Zwieselalm** › S. 116, ein nicht minder herrliches Berg- und Almwandergebiet.

Die nächsten zwei Tage sind der Kernzone des Inneren Salzkammerguts gewidmet, der Welterberegion Hallstatt-Dachstein: In *****Hallstatt** › S. 117 spaziert man durch den an das Steilufer des Hallstättersees geschmiegten Ortskern, im Welterbemuseum und auf dem Gräberfeld im Hochtal folgt man den Spuren der Kelten. Und in den ****Salzwelten** › S. 120 unternimmt man eine Zeitreise in das älteste Salzbergwerk der Welt. Die nächste Sensation wartet bei **Obertraun** › S. 121, nahe der Mittelstation der Krippenstein-Seilbahn: die ** **Dachstein-Rieseneis-**

höhle und die ****Mammuthöhle.** Einen spektakulären Kontrapunkt setzen am ****Krippenstein-Plateau** › S. 122 die Aussichtsplattformen **Weltnaturerbeblick** und ****5fingers.**

Den sechsten und siebten Tag bringt man im Ausseerland zu. Von dessen beschaulichem Hauptort ***Bad Aussee** › S. 129 aus unternimmt man zwei Stichtouren. Eine führt nach ***Altaussee** › S. 131, wo man den gleichnamigen See umwandert, entlang der Via Artis die Historie der Künstlersommerfrische und auch die ****Salzwelten** › S. 132 erkundet. Ein weiterer Höhepunkt ist die Fahrt hinauf zur malerischen ***Blaa-Alm** › S. 133 samt Besteigung des ****Loser-Panoramagipfels.**

Per »Kaiserzug« durch Bad Ischl

Tagestour Numero zwei führt zum ***Grundlsee** › S. 134 und von dessen Ende bei **Gössl** per Boot und pedes zum sagenumwobenen ***Toplitz**- und weiter zum ***Kammersee** › S. 135. Wer noch Zeit und Muße hat, quartiert sich in **Bad Mitterndorf** › S. 136 ein und erwandert von dort die ***Tauplitzalm** › S. 137 und den ***Ödensee** › S. 136.

Eine Woche rund um Fuschl- und Wolfgangsee

—③— Fuschl › Hintersee › Faistenau › Fuschl › St. Gilgen › Strobl › St. Wolfgang › Postalm › Strobl › Bad Ischl

Distanzen:

Fuschl › **Hintersee** 17 km › **Faistenau** 9 km › **Fuschl** 11 km › **St. Gilgen** 9 km › **Strobl** 13 km › **St. Wolfgang** (Schifffahrt hin/zurück) › **Postalm** 26 km (hin/zurück) › **Strobl** › **Bad Ischl** 23 km

Verkehrsmittel

Aufgrund der geringen Distanzen und leichten Erreichbarkeit der einzelnen Tourenetappen spricht nichts dagegen, das eigene Auto stehen zu lassen und mit dem Linienbus durch die Landschaft zu gondeln. Zumal man ein, zwei Ziele zwischen den Uferorten am Wolfgangsee an Bord eines Rundfahrtschiffes absolvieren sollte.

Nomen est omen: das Schutzhaus »Zur Himmelspforte« am Schafberg

Wenig Zeit im Auto oder Bus, umso mehr in freier Natur verspricht diese geruhsame Woche, die mit dem (süd)westlichen Teil des Salzkammerguts bekannt macht.

Der Akklimatisierung gewissermaßen dient zu Beginn ein Tag in ***Fuschl** › S. 85. Ein paar Stunden zum Sonnenbaden oder Schwimmen im Seebad, dann saust man evtl. per Sommerrodelbahn zu Tal, lässt sich mit der Zille über den ****Fuschlsee** rudern oder umwandert ihn › S. 75 – wobei man unterwegs im mondänen Schlosshotel Fuschl auf eine Jause einkehrt. Und abends bekommt man in einem der Spezialitätenrestaurants, beim Brunnwirt etwa, einen fangfrischen Seefisch kredenzt.

Tags darauf stehen ein, zwei Wanderungen auf dem Programm. Die Auswahl an reizvollen Zielen ist groß. Besonders empfehlenswert sind zum Beispiel der Mühlenwanderweg in **Ebenau** › S. 81 (ca. 2 Std.), der Weg zur Ruine **Wartenfels** und zum **Schober** › S. 86 oder, in **Koppl** › S. 80, der Rundweg durch die **Nocksteinschlucht** (ca. 3 Std.). Naturliebhaber, die sich vor einer 5-stündigen Wanderung nicht scheuen, steuern direkt von Fuschl aus den **Eibensee** › S. 86 an.

Ein Muss ist, wofür sich der dritte Tag anbietet, ein Ausflug in ein stilles Tal zum ***Hintersee** › S. 83, verbunden mit einem beschaulichen Uferspaziergang. Im Anschluss kann man hinauf zur Gruberalm wandern, wo eine herzhafte Stärkung wartet. Zurück über **Faistenau** › S. 82, kann man einen Tiefblick in die ***Strubklamm** werfen oder diese – adrenalinfördernd – per geführter Canyoning-Tour durchqueren.

Am vierten Tag geht es zum **Wolfgangsee,** nach ****St. Gilgen** › S. 86: Man schlendert durch seinen malerischen Ortskern, stattet dem Mozarthaus einen Besuch ab und spaziert am Nachmittag die Seepromenade entlang in die Bucht von ***Fürberg** › S. 78, wo der gediegene Gasthof gleichen Namens zur Einkehr lädt. Alternativ lockt das ***Zwölferhorn**

› S. 88: Von dessen bequem per Seilbahn erreichbaren Gipfel genießt man ein fulminantes Berg- und Seepanorama.

Es folgen zwei Nächte weiter östlich am Wolfgangsee – am besten vielleicht in der traditionellen Sommerfrische **Strobl** › S. 90. Von hier aus kann man einen Tagesausflug auf die **Postalm** › S. 91, Österreichs größtes und bestens wanderbares Almgebiet, unternehmen.

Vor allem aber kann man vom Südufer aus, ebenfalls für einen Tag, per Schiff stresslos nach ***St. Wolfgang** › S. 91 übersetzen. In dem schon im Mittelalter berühmten Pilgerort gilt es, den Pacher-Altar, ein wahres Wunderwerk spätgotischer Schnitzkunst, zu bestaunen. Nebenan, im Weissen Rössl, kann man bei Kaffee und Kuchen auf der Seeterrasse in Operettenseligkeit schwelgen. Unverzichtbar ist zudem die Fahrt mit der Zahnradbahn auf den ***Schafberg** › S. 94, von dessen Gipfel das ganze Salzkammergut samt Seen prächtig zu Füßen liegt.

Den Schlussakkord bildet ein Tag in der Kur- und Kaiserstadt ***Bad Ischl** › S. 97, mit Stadtbummel, Kaiservilla-Besuch und Panorama vom **Siriuskogl** › S. 101 oder vom Hausberg ***Katrin** › S. 108.

Touren in den Regionen

Touren	Region	Dauer	Seite
Kultur-Tour vom Mondsee zum Traunsee	Nördliches Salzkammergut	2–3 Tage	41
Salzkammergut-Radweg von Gmunden nach Mondsee	Nördliches Salzkammergut	2 Tage	43
Fuschlsee-Rundweg	Fuschl- & Wolfgangsee	ca. 3 Std.	75
Weg der Wallfahrer und Wolfgangsee-Schifffahrt	Fuschl- & Wolfgangsee	1 Tag	77
Bad Ischls Zentrum	Bad Ischl & Umgebung	1 Tag	97
Kaiservilla und Kalvarienberg	Bad Ischl & Umgebung	ca. 3 Std.	104
Von Bad Goisern ins Gosautal	Hallstatt-Dachstein	1 Tag	110
Von Hallstatt auf den Krippenstein	Hallstatt-Dachstein	1 Tag	111
Altaussee – Via Artis und Altausseer See	Ausseerland	ca. 4 Std.	125
Drei-Seen-Tour	Ausseerland	½ Tag	128

Klima und Reisezeit

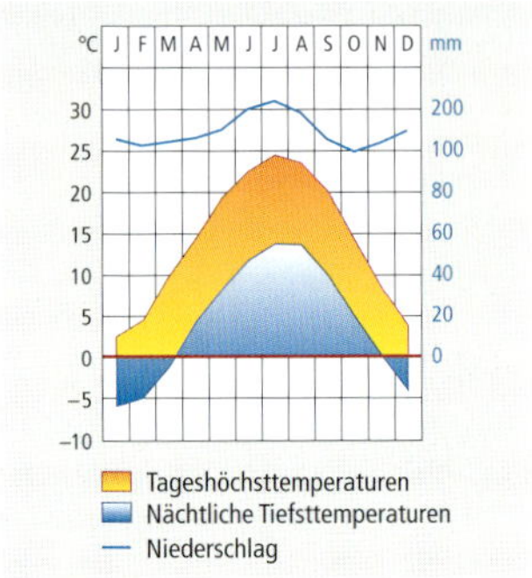

Die Witterung unterscheidet sich nicht grundsätzlich von jener im südlichen Bayern. Durch die Lage am Rand der nördlichen Kalkalpen und die häufigen (Nord-) Westwinde regnet oder schneit es allerdings etwas öfter. Bei der Wahl der Kleidung ist deshalb auf die Möglichkeit von Schauern oder dauerhafterem »Schnürlregen« zu achten. Das verhältnismäßig raue Klima wird jedoch an vielen Stellen durch geschützte Tallagen gemildert. Im Frühjahr und Herbst gibt es oft beständige Schönwetterperioden, die Sommer sind mäßig warm, wobei die Intensität der Einstrahlung zunimmt (Sonnenschutz nicht vergessen!). Die Winter sind kalt und schneereich. Reisesaison ist im Salzkammergut, vielleicht mit Ausnahme der Monate November und April, eigentlich fast immer. Besonders reizvoll sind der Frühsommer, wenn alles in Blüte steht, und der Herbst als die beste Wanderzeit. Ihren ferienbedingten Höhepunkt hat die Urlaubssaison im Juli und August. Dann ist das touristische Angebot am umfangreichsten, sind die Luft- und Wassertemperaturen sowie Hotelpreise am höchsten. Die Wintersaison beginnt mit dem ersten ergiebigen Schneefall (etwa gegen Ende November) und endet, je nach Höhenlage, zwischen Ende März und Mitte April.

Anreise

Mit dem **eigenen Kfz** erreicht man das Salzkammergut über die Autobahnen A8 (München – Salzburg), A3 (Regensburg – Passau) bzw. über die A1 (Wien – Salzburg). Von Salzburg fährt man auf der B 158 über Hof und Fuschl oder auf der A1 (Abfahrten Thalgau, Mondsee, St. Georgen, Seewalchen oder Regau), von Passau geht die Fahrt auf der A8 bis zum Knoten Wels/Sattledt und von dort auf der A1 westwärts.

! Bei geplanter Autobahnbenützung sollte man vor Fahrtantritt (z.B. beim ADAC), oder spätestens beim Grenzübertritt, die gesetzlich vorgeschriebene Autobahnvignette besorgen! Infos: www.asfinag.at.

Auch mit der **Bahn** ist die Region leicht erreichbar, z.B. über die Fernverkehrsstrecke München – Salzburg bzw. von Berlin/Prag oder Passau über Linz nach Attang-Puchheim und von dort nach Gmunden, Bad Ischl und Bad Aussee (Fahrplanauskünfte bei der Österreichischen Bundesbahn/ÖBB, Service-Tel. 05-1717, www.oebb.at).

Mit dem **Flugzeug** sind der Salzburger Airport W. A. Mozart (www.salzburg-airport.com), der Blue Danube Airport Linz (www.linz-airport.at), der Flughafen Graz (www.flughafen-graz.at) bzw. der Flughafen München F.-J. Strauß (www.munich-airport.de) die beste Wahl.

Reisen in der Region

Mit Bahn und Bus

Das öffentliche Verkehrsnetz ist im Salzkammergut sehr gut ausgebaut, auch kleine Ortschaften sind per **Linienbus** gut erreichbar. Die **Bahn** erschließt weite Teile der Region über zwei Stichstrecken, die von der Fernverkehrsstrecke Salzburg – Wien nach Süden abzweigen: die Attergaubahn Vöcklamarkt – St. Georgen – Attersee und die Strecke Attnang-Puchheim – Gmunden – Bad Ischl – Bad Aussee. Fahrradtransport ist meist möglich, bei der Bahn in Gepäckwagen (auch zum Vorausschicken), Bundesbusse haben oft Fahrradträger.

!i Informationen und Fahrpläne der Verkehrsträger bzw. regionalen Verbünde: www.ooevv.at (Oberösterreich), www.svv-info.at (Salzburger Land), www.postbus.at, www.oebb.at (Österreich gesamt).

Mit Auto und Motorrad

Abgesehen von der A1 im Norden führt keine Autobahn durch das Salzkammergut, die Bundesstraßen sind jedoch bestens ausgebaut. Zentrale Verkehrsadern sind die B 158 Salzburg – Bad Ischl und die B 145 Gmunden – Bad Aussee. Geschwindigkeitsbeschränkungen: innerorts 50 km/h, außerorts 100 km/h, Autobahn 130 km/h. Promillegrenze: 0,5, bei Führerscheinbesitz unter zwei Jahren 0,1. Pannenhilfe: ÖAMTC, Notruf-Tel. 120, weitere Infos unter www.oeamtc.at.

Die Romantikstraße am Mondsee

Special

Unterwegs mit Kindern

Nein, Sorgen vor Langeweile brauchen sich Eltern im Salzkammergut keine zu machen: Denn das auf die Bedürfnisse der Kids maßgeschneiderte Kultur- und Freizeitangebot ist hier enorm groß. Dafür sorgen schon die vielen Seen, wo auch Segel-, Surf- und sogar Tauchkurse für Kinder angeboten werden, und die diversen Erlebnisbäder mit ihren Riesenrutschen, Sport- und Spielangeboten. Auch für wanderlustige Familien haben sich die Tourismusmanager einiges einfallen lassen, Erlebnispfade, Themenwege u. v. m. sorgen für Kurzweil.

Aug in Aug mit Tieren

Für glänzende Kinderaugen sorgen garantiert Begegnungen mit der heimischen alpinen Tierwelt.

Hierfür empfehlen sich besonders der **Cumberland Wildpark Grünau** › S. 73 (www.wildpark gruenau.at), wo man auf 60 ha mehr als 70 Tierarten fast wie in freier Wildbahn beobachten kann, sowie der **Wildpark Kleefeld** (www.kleefeld.at) am Wolfgangsee. Für Streicheleinheiten gesorgt ist im **Dorf der Tiere** › S. 89 (www.dorfdertiere.at) in Abersee und dem gleichnamigen Streichelzoo auf der **Eselalm** (www.eselalm.at) in Bad Mitterndorf.

Am nachhaltigsten ist der Kontakt zu Tieren wohl bei einem **Urlaub am Bauernhof** › S. 23, wenn man ihnen bei der Stallarbeit und auf der Weide nach Lust und Laune Gesellschaft leisten kann (vielfältige Angebote in den meisten Tourismusgemeinden).

Unterhaltsam lehrreich

Die **Kinderwelt Schloss Walchen** in Vöcklamarkt ist ein Museum mit Spielstationen zum Leben im 18./19. Jh. samt Naturspielpark (Mai–Sept. Fr–So, 10–17.30 Uhr in den oberösterr. Ferien Di–So; www.kinderweltmuseum.at). Das **Naturmuseum Salzkammergut** bei Ebensee schärft mit Dioramen, Teich sowie Sonderschauen das Bewusstsein für die heimische Natur (Mo–Fr 9–18, Sa, So 10.30 bis 18 Uhr; www.naturmuseum.at). Im **Urzeitwald Gosau** › S. 115 kann man auf 16 Stationen eine spannende Zeitreise in die frühe Erdgeschichte unternehmen.

Spiel und Spaß

Die Top-Attraktionen unter den Erlebnisparks sind die **Abarena** › S. 89 am Wolfgangsee, mit allen möglichen Fahrgeräten im Wasser und im Trockenen, Westernstadt u.v.m., sowie der **Fantasiana Erlebnispark Straßwalchen,** mit sieben Themenbereichen vom Märchenwald über Dino-Abenteuer bis zur Dschungelsafari (April–Okt. tgl. 10–18 Uhr; www.erlebnispark.at). Riesenspaß bietet das **Kinderland Schindlbach** (Juli–Mitte Sept. tgl. 10–18, sonst nur Sa, So, Fei; www.kinderland-schindlbach.at) bei Grünau, mit Elektrobooten und -autos, Go-Kart-Bahn, Zug, Bagger, Karussell oder Bogenschießen.

Und rasant zu Tal saust man, wenn es nicht regnet, auf den **Sommerrodelbahnen** in Fuschl › S. 85 und Gschwendt-Strobl › S. 89 (www.rodelbahnen.at).

Unter Tage

Garantiert ein Hit ist, spätestens wenn der Nachwuchs auf hölzernen Rutschen in die Tiefe saust, eine Exkursion in die **Salzwelten** von Hallstatt › S. 120 oder Altaussee › S. 132 (www.salzwelten.at).

Auch Höhlenbesuche, v.a. so spektakuläre wie in der **Dachstein-Rieseneis-** › S. 121 oder der **Mammuthöhle** › S. 122, sind unvergessliche Erlebnisse. Auf dem Weg dorthin lohnt auch der **Naturerlebnispark Schönbergalm** nahe der Seilbahn-Mittelstation, mit Höhlenmuseum, Kletterparcours und Erlebnispfad (www.dachstein-salzkammergut.com).

Kinder ahoi!

Für Familien geradezu ein Muss sind im Seenland Salzkammergut Schiffsrundfahrten. Sie kann man – je nach Witterung von ca. Ostern bis Ende Okt. – mancherorts auch in der (Vor-) Weihnachtszeit – auf folgenden Gewässern unternehmen:

- **Mondsee:** Tel. 06232/4934 www.mondseeschifffahrt.at
- **Attersee:** Tel. 07666/7806 www.atterseeschifffahrt.at
- **Traunsee:** Tel. 07612/66700 www.traunseeschifffahrt.at
- **Wolfgangsee:** Tel. 06138/22320 www.wolfgangseeschifffahrt.at
- **Hallstättersee:** Tel. 06134/8228 www.hallstattschifffahrt.at
- **Grundlsee:** Tel. 03622/8613 www.3-seen-tour.at
- **Altausseer See:** Tel. 03622/20501 www.altausseeschifffahrt.at

Sport und Aktivitäten

So vielfältig wie die Landschaften sind im Salzkammergut auch die Angebote für Gesundheitsapostel und die Betätigungsfelder für Aktivurlauber. Die Region ist ein Paradies für alle nur erdenklichen Sportarten, die sich zu Wasser, zu Lande und in der Luft praktizieren lassen.

Baden und Wassersport

Die 76 **Seen** des Salzkammerguts laden ein zu Erholung, Spaß und Sport. Die Wasserqualität ist hervorragend, die Infrastruktur, was Strandbäder, Segel- und Surfschulen, Bootsverleihe etc. betrifft, von hoher Dichte. Auch findet, wer ein wenig danach sucht, an jedem Ufer problemlos frei zugängliche Badestellen. Wohltuend ist auch, dass auf den meisten Seen Motorbootverbot herrscht. Ausnahmen werden nur am Wolfgang-, Atter-, Mond- und Traunsee für **Wasserskischulen** gemacht. Passionierte **Segler** und **Surfer** rühmen v.a. die mit schöner Regelmäßigkeit wehenden Winde am Atter- und Traunsee.

Auch **Tauchen** wird in den Salzkammergut-Gewässern praktiziert, in den Tauchschulen kann man, eine gewisse Grunderfahrung vorausgesetzt, auch Varianten wie Bergsee-, Höhlen-, Fluss-, Nacht-, Eistauchen oder Suben mit Schnorchel probieren (Infos z.B. unter www.dive-adventures.at, www.flusstauchen.at, http://tauchen.salzkammergut.at).

Etliche naturbelassene Flüsse und Bäche bieten die Möglichkeit zum **Canyoning, Kanu- und Kajakfahren.** Herausragend: die Traun bei Bad Goisern und die Strubklamm bei Faistenau (gute Adressen sind z.B. www.outdoor-leadership.com und www.surfschule.co.at).

Kraft- und Glücksplätze

Ein besonderes Atout sind die Kraft- und Glücksplätze im Salzkammergut, die seit langen Zeiten Menschen zum Innehalten, Abschalten, Selbstfinden und zum Energietanken aufsuchen. Viele von ihnen hat man in der Region markiert, zu Spazier- und Wanderrouten gebündelt und beschildert bzw. in Schautafeln, Broschüren und Büchern beschrieben (Infos: www.salzkammergut.at unter »Wandern«).

Wandern, Laufen und Klettern

Wanderer und Bergsteiger finden, vom Lehr- oder Themenpfad und romantischen Waldweg bis zum Hochgebirgs- und Klettersteig ein dichtes Netz gepflegter Wege für jeden Geschmack. Dutzende, größtenteils von Alpenverein (www.alpenverein.at) oder Naturfreunden (www.naturfreunde.at) unterhaltene Hütten bieten in allen Gebieten Möglichkeiten zur Einkehr und Übernachtung. Die meisten Fremdenverkehrsämter bieten auch Wander-Packages bzw. geführte Wanderungen, zum Teil auch als Themenwanderungen und in höheren Gebirgsregionen, zusätzlich mit Gepäcktransport-Service an. Besonders groß ist das Angebot in der Region Dachstein-Hallstatt, wo sich über 30 Tourismusbetriebe organisiert haben, um ihr Angebot auf Wanderurlauber abzustimmen (www.wanderfreunde-dachstein.at).

Wandern am Traunsee

Selbstverständlich sind auch die Möglichkeiten, dem **Nordic Walking** und **Joggen** zu frönen, schier unendlich. Vielerorts sind Strecken eigens ausgeschildert, gibt es einschlägiges Kartenmaterial.

Wintersport

Ähnlich riesig wie für Wanderer und Wassersportler ist die Angebotsvielfalt für Wintersportler. Ob die **Skiarenen** Tauplitz-Alm, Dachstein-West, Gaißau-Hintersee oder Kasberg im Almtal, die Gebiete Postalm, Loser, Krippenstein, Feuerkogel, Zwölferhorn oder Grünberg – die Möglichkeiten zum Alpinski- und Langlaufen, aber auch Snowboarden sind schier ungezählt. Ein Mekka für Freerider ist mit 30 km Off-Piste die Arena auf dem Krippenstein › Special S. 138.

Daneben besteht, nicht nötig zu betonen, ein reiches Betätigungsfeld für Eisläufer, -fischer und -taucher, für (Pferde-)Schlittenfahrer, Schneeschuh- und gemeine Winterwanderer. Beachtenswert sind die diversen Ski-Pauschalangebote und Vergünstigungen › S. 8, 139.

Radfahren

Pedalrittern stehen Aberhunderte Kilometer gut beschilderter Radwanderwege zur Verfügung. Die zentrale Route bildet der 345 km lange **Salzkammergut-Radweg** (www.radfahren.at/salzkammergutradweg.html; Teilstrecke › Tour S. 43): Von der Festspielstadt Salzburg ausgehend, berührt er in einer großen Runde 13 Seen und, von Mondsee, St. Gilgen und St. Wolfgang über Bad Ischl, Hallstatt und Bad Aussee bis Ebensee, Gmunden, Seewalchen und Attersee, das Gros der touristischen Highlights. Der Höhenunterschied der Gesamtstrecke beträgt kumuliert 1850 m. In Oberösterreich ist der Weg mit R2, in der Steiermark mit R19 und im Salzburger Land mit grünen Tafeln in beiden Richtungen bestens ausgeschildert. Der überwiegende Teil des Weges ist asphaltiert und verläuft auf ausgewiesenen Radwegen oder verkehrsarmen Straßen.

Mountainbiken am Dachstein

Wer mit der Bahn (an)reist, kann seinen eigenen Drahtesel im Gepäckwagen mitnehmen bzw. vorausschicken. An vielen Bahnhöfen kann man außerdem Räder ausleihen, die man später landesweit an jedem beliebigen anderen Bahnhof retournieren kann.

Adresslisten und Karten des Radwegenetzes sind über die Tourismusverbände sowie im gut sortierten Buchhandel erhältlich.

Mehrere Reiseveranstalter bieten auch Radtouren inklusive Gepäcktransport und reservierten Quartieren am Salzkammergut-Radweg an. Auf Wunsch werden auch Leihräder und Reiseleitung samt Begleitfahrzeug bereitgestellt.

Auch **Mountainbiker** finden allerorts eine speziell auf ihre Bedürfnisse zugeschnittene Infrastruktur und 1450 km erschlossene Wald- und Bergwege, eingeteilt in 70 verschiedene Routen (Hotline: Tel. +43 (650)/4054768; weitere Infos unter www.biken.at).

Eine Neuheit bildet das Angebot, im Sattel von **E-Bikes** umweltbewusst und ganz unangestrengt durch die Lande zu radeln. Ein ausgedehntes Netzwerk aus Verleih- und Akkuwechselstationen garantiert unter dem Markennamen Movelo von April bis Oktober grenzenlose Mobilität (Näheres unter www.movelo.com).

Golfen

Ein breites Betätigungsfeld finden auch Freunde des grünen Sports. Ihnen stehen mehr als ein Dutzend Golfplätze zur Verfügung, u.a. in Hof, Thalgau und St. Lorenz am Mondsee, in Fuschl, Strobl, St. Wolfgang, Bad Ischl, Bad Aussee, Gmunden, Scharnstein und Grünau im Almtal sowie rund um den Attersee, in Weyregg, Nußdorf und Attersee.

Weitere Sportarten

Pferdefreunde finden über die Region verstreut zahlreiche **Reitställe, Reit- und Ponyhöfe.** Packages für Reitferien erfragt man am besten in den regionalen Tourismusbüros.

Bevorzugte Startreviere für **Drachenflieger** und **Paraglider** sind der Loser in Altaussee, das Zwölferhorn (St. Gilgen), Feuerkogel (Ebensee) und Katrin (Bad Ischl), Kurse bietet z.B. die Flugschule Salzkammergut in Gmunden (Tel. 07612/73033, www.paragleiten.net).

Bogenschützen haben z.B. in Bad Goisern eine zentrale Anlaufstelle (Tel. 06135/50988, www.bogensport-zopf.at).

Unterkunft

Das Salzkammergut verfügt über alle Arten von **Hotellerie:** vom luxuriösen Schloss- oder Boutiquehotel über gutbürgerliche Traditionshäuser der Drei- und Vier-Sterne-Kategorie bis zu einfacheren, aber meist tadellosen Quartieren für kostenbewusste Gäste.

Ferienwohnungen stellen besonders für vielköpfige Familien oder Freundesgruppen eine praktische und preisgünstige Alternative dar.

Immer beliebter wird zudem v.a. bei Familien mit Kindern der **Urlaub auf dem Bauernhof,** das regionale Angebot an zertifizierten Betrieben ist groß (gute Infos: www.urlaubambauernhof.at).

Besonders an Seeufern findet man gut ausgebaute **Campingplätze,** Wildcampen ist verboten Infos: www.campsite.at, www.camping.salzburgerland.com).

Preisgünstige Unterkunft bieten zudem **Jugendherbergen** u.a. in Bad Ischl, Mondsee, St. Gilgen, Ebensee, Gosau, Obertraun, Bad Aussee, Grundlsee, Weißenbach und Weyregg (Auskünfte: www.oejhv.at, www.jufa.eu, www.salzburger-jugendherbergswerk.at).

Dicht gesät sind entlang der Bergsteiger- und Bergwanderrouten die für gewöhnlich von Mai/Juni bis Sept./Okt. bewirtschafteten **Hütten,** z.T. mit Übernachtungsmöglichkeiten › S. 20.

! Buchungen, auch online, sind über die Fremdenverkehrsämter › S. 140 möglich. Gelegenheiten zum Mitwohnen bzw. günstige Ferienwohnungen, Appartements und Hotels findet man z.B. auch unter www.mitwohnzentrale.org/oesterreich, www.urlauburlaub.at, www.urlaub-anbieter.com.

Echt gut!

Die reizvollsten Ferienhotels

- Das **Romantikhotel Schloss Mondsee** bietet neben Top-Komfort die Aura eines 1250 Jahre alten Klostergemäuers. › S. 49
- Das **Hotel-Restaurant Häupl** überzeugt mit Spitzenservice, Traumlage und einem prämierten Gourmetrestaurant erster Güte. › S. 59
- Ein ideales Hideaway für den luxuriösen Kuschelurlaub ist das **Hotel Winzer** in St. Georgen im Attergau. › S. 61
- Den Traunsee vor dem Balkonfenster und die Altstadt um die Ecke hat man im **Hotel Esplanade** in Gmunden. › S. 66
- Nichts für schmale Brieftaschen: Aber in so prachtvoller Lage wie auf **Schloss Fuschl** kann man Luxus pur nur sehr selten genießen. › S. 84
- Übernachten im Herzen der Weltkulturerberegion – auf dem Marktplatz von Hallstatt im **Grünen Baum,** einem schicken Boutiquehotel mit 300-jähriger Tradition. › S. 120
- Das **Seehotel** in Grundlsee verwöhnt alle Sinne mit seinem haubenprämierten Restaurant und dem »Spa-Radies«. › S. 135

Land & Leute

Steckbrief][Geschichtstabelle][Natur und Umwelt][Die Menschen][Kunst, Kultur & Kunsthandwerk][Feste & Veranstaltungen][Landesküche][Shopping

Steckbrief

Salzkammergut

Fläche: 2888 km²
Einwohner: 208 000
Größte Ortschaften: Bad Ischl (14 000 Ew.), Gmunden (13 000), Altmünster (9500), Ebensee (7900), Bad Goisern (7750), Thalgau (5500), Seewalchen (5300), Bad Aussee (5000), Scharnstein (4200), St. Georgen im Attergau (4100)
Verwaltung: 56 Gemeinden, verteilt auf die Bundesländer Oberösterreich (72% der Gesamtfläche), Salzburg (12%) und Steiermark (16%) sowie zehn Regionen – Fuschlsee, Mondseeland, Wolfgangsee, Attersee, Attergau, Traunsee, Almtal, Bad Ischl, Dachstein-Hallstatt und Ausseerland.
Wichtigste Erhebungen: Dachstein (2995 m), Totes Gebirge mit Loser (1837 m), Schafberg (1782 m), Traunstein (1691 m), Höllengebirge (1862 m), Kolomansberg (1111 m).

Lage und Landschaft

Historisch betrachtet, verstand man unter dem Salzkammergut eine auf oberösterreichischem Boden gelegene Region um Bad Ischl und Hallstatt, in der Folge auch Ebensee und Gmunden. Heute umfasst die Bezeichnung ein größeres Gebiet, das neben der alten Kernzone an der oberen Traun auch das Alpenvorland vom Irrsee im Westen mit den Tälern der Ager und Vöckla bis zum Almtal im Osten umfasst und im Westen bis an die Stadtgrenze von Salzburg reicht.

Landschaftsprägend sind zum einen die insgesamt 76 größeren und kleineren Seen, deren meiste hinter den Endmoränenwällen ehemaliger Eiszeitgletscher aufgestaut wurden. Ihr mit fast 50 km² größter ist der Attersee, der tiefste mit 191 m der Traunsee. Weitere auch für den Badetourismus bedeutsame, große Gewässer sind Irr-, Mond-, Fuschl-, Wolfgang-, Hallstätter-, Grundl- und Altausseer See. Wichtigste Flüsse sind Traun, Ischl, Ager, Vöckla, Gosau- und Almbach.

Das Salzkammergut hat Anteil an drei abgestuften Landschaftstypen: dem sanfthügeligen Alpenvorland im Norden, dem dicht bewaldeten Mittelgebirge der Flyschzone und im Süden den nördlichen Kalkalpen. Höchste Erhebung ist mit 2995 m der Dachstein, ein stark verkarsteter, recht weitflächig vergletscherter Kalkgebirgsstock. In dem Kalk- und Dolomitgestein bildeten sich weit verzweigte Höhlensysteme heraus, darunter so berühmte wie die Mammut-, die Dachstein-Rieseneis- und die Gassel-Tropfsteinhöhle. Auch viele Wasserfälle und Schluchten (z.B. Strub- und Burggrabenklamm) prägen das Landschaftsbild.

Menschen und Sprache

Die Bewohner des Salzkammerguts sind größtenteils bajuwarischer Herkunft. Entsprechend ähnlich geartet ist ihre Lebensart, etwa bei der Kultur- und Brauchtumspflege. Ähnlich gefärbt ist auch ihr Dialekt. Dieser hatte sich in früherer Zeit aufgrund der großen Abgeschiedenheit der Region in eine sehr eigenständige Richtung entwickelt und in vielerlei Varianten gesplittet. Einen klassischen Salzkammergut-Dialekt gab es nie. Ein Ebenseer zum Beispiel sprach immer ganz anders als ein Gosinger oder Ausseer. Inzwischen hat sich die Sprechweise der Jugend infolge der größeren Mobilität und des alltäglichen Gebrauchs der Massenmedien merklich vereinheitlicht bzw. dem Hochdeutschen angeglichen. Alte Ausdrücke verschwinden, die spezifische Klangfarbe verblasst. Dennoch stellen Sprachforscher zwischen Enns, Ager und Traun heute noch eine für die Begrenztheit des Raumes erstaunlich große Bandbreite an Mundarten und Ausdrücken fest.

Wirtschaft

Seit alters dominant war, wovon heute auch die dortigen Schaubergwerke zeugen, der in Hallstatt und Altaussee betriebene Salzbergbau. Gewinnung und Weiterverarbeitung des »Weißen Goldes« und Handel mit ihm bescherten auch Städten wie Bad Ischl und Gmunden Wohlstand. Die zweite existenzielle Säule der Wirtschaft ist seit alters die Holzgewinnung. Die Forstwirtschaft und auch die Salinen sind bis heute für die Region wichtige Arbeitgeber. Zumal in ihrem Schatten schon in der frühen Neuzeit auch sonstiger Handel und Kleingewerbe florierten. Überflügelt wurden sie inzwischen vom Fremdenverkehr, der hier schon sehr früh, nämlich Mitte des 19. Jhs., einsetzte. Im Laufe des 20. Jhs. profitierten etliche Städte auch von Industrieansiedlungen. Zu den Leitbetrieben zählen in der Gegenwart Rigips (in Bad Aussee), Solvay-Chemie und die Salinen AG (Ebensee), Laufen- und Gmundner Keramik (Gmunden), der Fahrzeugzulieferer Miba (Laakirchen) und seit Mitte der 1980er-Jahre Red Bull in Fuschl – heute Weltmarktführer im Bereich Energydrinks.

Geschichte im Überblick

Ab ca. 50 000 v.Chr. Erste Funde menschlicher Besiedlung in einer Höhle des Totengebirges. In der Jungsteinzeit (ab 2500) Errichtung von Pfahlbauten am Ufer des Mondsees.

Ca. 1000–400 v.Chr. Ein keltischer Stamm schürft in Hallstatt nach Salz und macht die Region zum Zentrum der Gewinnung des »Weißen Goldes«.

450–16 v.Chr. Das Salzkammergut ist Teil des Keltenreiches Noricum.

5./6. Jh. Die seit kurz nach der Zeitenwende im Salzburger Raum und dem Alpenvorland herrschenden Römer weichen dem Druck der Ostgoten. Im nördlichen Seengebiet siedeln sich Baiern an.

7. Jh. Am Ende der Völkerwanderung Zuzug von Baiern und Slawen. Im Donauraum Klostergründungen (Mondsee) durch die bajuwarischen Agilolfinger.

Um 1000 Nach den Ungarn-Streifzügen Wiederaufnahme der Salzgewinnung. Erste urkundliche Erwähnung des Bergwerks von Aussee (1147).

12. Jh. Die steirischen Markgrafen und in der Folge die Babenberger breiten ihr Herrschaftsgebiet auf das Innere Salzkammergut aus.

13. Jh. Chronische Konflikte zwischen Salzburgs Erzbischöfen und den mittlerweile im »Ischlland« herrschenden Habsburgern über das Salzmonopol. Nach dem Friedensschluss (1297) verwalten von Wien bestellte Pfleger vom damaligen Hauptort Lauffen aus den Salzhandel.

1595 Bau einer Soleleitung von Hallstatt über Goisern in den nunmehrigen Hauptort Bad Ischl.

1656 Erste urkundliche Benennung der Region als »Salzkammergut«.

16./17. Jh. Bauernaufstände und Protestantismus erschüttern die etablierten Machtstrukturen.

1731/32 Die interreligiösen Konflikte zu Zeiten der Gegenreformation gipfeln in der Vertreibung von mehr als 20 000 Lutheranern aus dem Salzburger Land.

1816 Am Ende der napoleonischen Kriege fällt Salzburg endgültig an Österreich.

2. Hälfte 19. Jh. Wirtschaftlicher Aufschwung der Region infolge konsequenter Industrialisierung des Salzbergbaus. Parallel dank der Gründung des vom Kaiserhaus frequentierten Soleheilbades Aufstieg Ischls zum Kurort von europäischem Rang. Damit eng verbunden und auch infolge der Eröffnung der Salzkammergutbahn von Stainach-Irdning nach Attnang-Puchheim (1877) Entwicklung des Salzkammerguts als Ferienregion und Künstlertreff.

Juli 1914 Mit dem in der Ischler Kaiservilla verfassten Ultimatum an Serbien löst Kaiser Franz Joseph den Ersten Weltkrieg aus.

1920 Bad Ischl wird offiziell Kurort und 20 Jahre später Stadt.
1938 Einmarsch deutscher Truppen in Österreich.
1945 Zu Kriegsende ziehen sich Größen des Dritten Reiches vorübergehend ins Ausseerland zurück. Nach seiner Befreiung wird das Salzkammergut für 10 Jahre Teil der US-Besatzungszone.
1955 Unterzeichnung des Staatsvertrages am 15. Mai in Wien. Am 26. Okt. beschließt der Nationalrat ebendort Österreichs immerwährende Neutralität.
1957 Die traditionsreiche Salzkammergut-Lokalbahn von Bad Ischl nach Salzburg mit einem Abzweiger nach Mondsee wird eingestellt.
1967 Eröffnung des letzten Teilstücks und damit endgültige Fertigstellung der Westautobahn zwischen Salzburg und Wien.
1993 Bei zwei spektakulären Felsstürzen brechen nacheinander gigantische Gesteinsmassen von der Bischofsmütze, einer Berggruppe südöstlich des Gosaukamms.
1995 Österreich tritt der EU bei.
1997 Die UNESCO erklärt die Kulturlandschaft Hallstatt-Dachstein zum Weltkulturerbe.
2006 Das Jubiläumsjahr steht – v. a. auch in Salzburg und St. Gilgen – ganz im Zeichen des 250. Geburtstags von Wolfgang Amadeus Mozart.
2011 Die in Fuschl ansässige Red Bull GmbH verzeichnet mit einem Umsatz von 4,25 Mrd. € einen neuen Rekordgewinn im Energydrink-Sektor.
2012 Eröffnung des Gustav-Klimt-Zentrums in Schörfling am Attersee zum 150. Geburtstag des Jugendstilkünstlers am 14.7.

Natur und Umwelt

Gut die Hälfte der Region ist bewaldet. Bis in rund 800 m Seehöhe gedeiht Mischwald, oberhalb wachsen Nadelhölzer, in der Hauptsache Buche und Tanne. Der subalpine Fichtenwald dominiert zwischen etwa 1300 m und der Waldgrenze, die im Salzkammergut um die 1700–1800 m verläuft. Es folgt die Zone der Almen, in der nur noch vereinzelt Bäume, dafür Latschen und, auf den Plateaus der Kalkalpen, auch Legföhren Wind und Wetter trotzen. Bis in Höhen von 2200 m und manchmal noch darüber finden sich Zwergsträucher wie Preisel- oder Heidelbeeren, aber auch Alpenrosen, Steinbrech, Silberwurz & Co.; nicht zu vergessen der Enzian. An der Grenze zum ewigen Eis, auf der sogenannten Polsterrasenstufe, gedeihen dann nur noch Gräser und Moose. Groß ist in niedrigeren Lagen die Zahl der Moore – Relikte der Eiszeiten und wertvolle Biotope. Eine Besonderheit des Ausseerlandes sind die wilden Narzissen, die dort weitläufig feuchte Wiesen bedecken.

Ihre Blütenpracht wird Ende Mai/Anfang Juni auf dem Grundl- und Altausseer See mit einem Bootskorso gefeiert.

Ähnlich nach Höhenlagen gestaffelt präsentiert sich auch die heimische Tierwelt. In den Tälern und auf den waldigen Berghängen tummeln sich Reh, Hirsch und Hase. Höher oben sind, vom Menschen nur selten erspäht, Gämse, Steinbock, Murmeltier und Schneehuhn zu Hause. Vereinzelt sieht man hoch oben einen Steinadler kreisen, hört man im Frühjahr den kuriosen Balzruf eines Auerhahns. Vergleichsweise leicht hingegen bekommt man, in Bächen oder Seeuferzonen Fische zu Gesicht. Gängigste – und wegen der Zartheit und des Geschmacks beliebteste – Arten sind Forelle, Saibling und Reinanke alias Renke.

Kunst und Kultur

Bildende Kunst

Genau genommen beginnt die Geschichte der Bildenden Kunst des Salzkammerguts in grauer Vorzeit. Denn schon die Pfahlbauten und Keramiken aus der Jungsteinzeit, deren Reste man am Mondsee fand, zeugen von kreativem Geist; und erst recht die **Hallstattkultur** mit ihren filigranen Statuetten und Schmuckstücken.

Offensichtlicher ist aber das große abendländische Erbe: Die ehemaligen Klöster Mondsee und Traunkirchen zum Beispiel haben ihre Wurzeln in der **Frühromanik.** Ähnlich tief reicht die (Bau-)Geschichte mancher Pfarren, etwa jener in Altmünster. Zwei besondere Juwele seien, obwohl eigentlich schon außerhalb des Salzkammerguts gelegen, erwähnt: das Georgskirchlein und die Johanneskapelle aus dem 12./13. Jh. in Pürgg-Trautenfels an der Enns.

Gotteshäuser aus der **Gotik** finden sich, von Abtsdorf, Attersee und Bad Aussee bis Vöcklabruck und Weyregg, zuhauf über die Region verstreut. Viele von ihnen wurden später **barockisiert** – ein Stiltrend, dem die Gegend wunderbare Schöpfungen der Schnitzkunst von Meistern wie Meinrad Guggenbichler, Thomas Schwanthaler oder Lienhard Astel verdankt. Die diesbezüglich alles überstrahlende Attraktion stammt jedoch aus der Spätgotik: Michael Pachers Flügelaltar in der Pfarrkirche von St. Wolfgang. Nicht zu vergessen sind die Heerscharen namenloser, oft hoch talentierter Krippenschnitzer des Salzkammerguts.

Auch mächtige Profanbauten haben sich aus dem Mittelalter erhalten. Imposante Exemplare sind Schloss Fuschl und das zu TV-Ruhm gelangte Schloss Ort am Traunsee. Recht wenig hinterließen hingegen die Baumeister der **Renaissance.** Aus jener Zeit um 1600 hervorzuheben sind Schloss Scharnstein und das Gmundener Rathaus.

Das Erscheinungsbild der Urlaubsregion weitflächig geprägt haben dann jene **Gründerzeitvillen,** die sich Sommerfrischler aus den Städten des Flachlandes ab der 2. Hälfte des 19. Jhs. an den Seeufern massenhaft errichten ließen. Sie griffen vielfach Bautraditionen aus der Region, die für das Ausseerland typischen Holzveranden zum Beispiel oder die ausladenden Balkone aus dem Alpenvorland, auf und formten sie im Geiste des Historismus mit Erkern, Türmchen etc. aus und um.

Spätgotisches Meisterwerk in St. Wolfgang: der Pacher-Altar

Literatur

Als mehrheitlich gebirgiges Bauern- und Knappenland war die Region in Mittelalter und früher Neuzeit literarisch wenig produktiv. Mit Sicherheit florierte schon damals, wie heute, die Mundartdichtung, etwa das Reimen von Vierzeilern für *Gstanzl'n, Trutzgsangln* und *Schnaderhüpfln.* Doch den regionalen Wahrnehmungshorizont überschritten solche oft launig-kecken Volkslieder allein schon wegen der Sprachbarriere so gut wie nie.

Zu einer festen Größe auf der literarischen Landkarte mutierte das Salzkammergut erst dank seiner Gäste. Denn unter den Sommerfrischlern befanden sich überproportional viele prominente Künstler: Maler wie Gustav Klimt, Hans Makart oder die Mitglieder der Zinkenbacher Malerkolonie um Franz von Zülow und Josef Dobrowsky, aber vor allem auch Schriftsteller und Dichter. Franz Grillparzer, Adalbert Stifter und Peter Rosegger ließen sich von der prachtvollen Natur ebenso inspirieren wie, um und nach 1900, dann Größen wie Arthur Schnitzler, Hugo von Hofmannsthal, Jakob Wassermann, Robert Musil und Heimito von Doderer. Österreichische Gegenwartsautoren, die aus dem Salzkammergut stammen, sind Barbara Frischmuth (*1941), Christoph Ransmayr (*1954) und Alfred Komarek (*1945).

Musik

Für das musikalische Leben gilt Ähnliches wie für die Literatur: Es blüht seit alters, aber eher im Verborgenen. Ein bis heute unverzichtbares Element der Brauchtumspflege und zugleich Ausdruck unbändiger Lebenslust und Musikalität sind die zahlreichen im Land aktiven Volkstanzgruppen, Chöre und Blasmusikkapellen. Insbesondere im **Jodeln,** das man hierzulande auch *Ludeln* nennt, und im *Paschen,* dem rhythmisierten Klatschen, bringen es die **Volksmusik**-Kammerensembles, denen in der Regel neben Geigenspieler und Bassist auch ein Flötist und ein Hackbrettspieler angehören, zu stupender Meisterschaft.

Zu den zeitgenössischen Stars der autochthonen Populärmusik zählen die aus Grundlsee stammende Band Die Seer und vor allem der Wegbereiter der **Neuen Volksmusik,** des sogenannten Alpenrocks, und musikalische Grenzüberschreiter Hubert von Goisern.

Schließlich war das Salzkammergut auch Sommerfrische berühmter Komponisten – wie Johannes Brahms, Franz Lehár, Richard Strauss, Arnold Schönberg – , deren Musik heute auf Festivals erklingt.

Brauchtum

Im Salzkammergut haben sich viele alte Bräuche erhalten. Zwar sind sie inzwischen Touristenattraktionen, man sollte aber nicht vergessen, dass sie sich aus uraltem Volksgut entwickelt haben und oft tief in vorchristlichen, mythischen Vorstellungen wurzeln. Die **Glöckler** z.B., die in der »Rauhnacht« vom 5. auf den 6. Januar besonders im Raum Ebensee mit ihren riesigen, vielzackigen Lichtkappen von Haus zu Haus tanzen, wollten mit ihrem wilden Geschelle und Geschrei ursprünglich den Winter vertreiben. Auch das Knallen und Schießen beim sogenannten **Aperschnalzen** oder der brachiale Lärm der mit Nachtgewand und Schlafhaube bekleideten **Trommelweiber** beim Faschingsmontags-Umzug durch Bad Aussee sollen eigentlich Frühling, Sonne und gute Geister wecken, die der kalten Finsternis den Garaus machen. Und das **Krawallschustern** zur *Sunnawendt* (Sonnwende) mit Böllern, einst auch *Wöderschiaßn* (Wetterschießen) genannt, diente dazu, den Donnergott Donar zu besänftigen, sprich: Stürme und Unwetter abzuhalten.

Prächtiger Gamsbart

Apropos Fasching: Ein vor langer Zeit aus Venedig importiertes Outfit sind die in mühsamer Handarbeit aus unzähligen Gold- und Silberplättchen gefertigten **Flinserlkostüme,** die man zu »carnevale« im Ausseerland durch die Straßen trägt.

Außer solch heidnischen Bräuchen werden bis heute im Jahreslauf auch etliche kirchliche Feste sorgsam gepflegt. Neben den ganz großen wie Ostern, Pfingsten und Weihnachten zum Beispiel **Fronleichnam: Die schönsten Prozessionen finden zu Wasser statt: Am Traunsee und am Hallstättersee** gleitet der Priester mit der Monstranz auf einer »Sakramentsfuhre« über die Wellen. Dabei wird er von zahlreichen blumengeschmückten, von Musikkapellen und Trachtengruppen bevölkerten Zillen, Kähnen und Plätten begleitet. Fruchtbarkeits- und Heilsymbolik steckt hinter dem am Gründonnerstag praktizierten Abnehmen der **Antlasseier.** Dem hl. Nikolaus wird zu seinem Festtag Anf. Dez. besonders intensiv in Bad Mitterndorf in Form eines prächtigen Umzuges und des **Hinterberger Nikolausspiels** gehuldigt.

Echt gut!

Die Tracht – Tradition und Mode

Ein Charakteristikum des Salzkammerguts, das jedem Neuankömmling sofort ins Auge fällt, sind die Freude und der Stolz, mit dem viele Einheimische hier auch im Alltag noch ihre Trachten tragen. Gewisse Grundzüge sind dabei allen Modellen gemeinsam. So tragen etwa Frauen ihr Dirndl fast immer mit engem, kunstvoll geschnürtem Mieder, dazu einen in der Taille eng gefältelten Rock und darüber eine Schürze. Generelles Merkmal aller Männertrachten ist deren dezente Farbgebung. Im Detail zeigen sich jedoch markante Unterschiede: Frauentrachten können in Farb- und Formgebung erheblich variieren. So tragen zum Beispiel die Ischlerinnen Spenzer, dunklen Rock, ein baumwollenes »Pfeffertüchl« und die pelzerne »Oehrlhaube«. Anders »standardisiert« ist seit 150 Jahren nun schon etwa die Ausseer Tracht. Hier besteht das klassische Dirndl aus grünem Leibchen, rosa oder

Der Gamsbart

Er ist eigentlich Zierrat, doch im Rahmen der alljährlich Ende August in Bad Goisern abgehaltenen Gamsjagatage, und mehr noch bei der im Vier-Jahres-Rhythmus ebendort stattfindenden Gamsbart-Olympiade wird dieses alpenländisch-maskuline Statussymbol zum »Sportgerät«. Die Rede ist vom Gamsbart, jenem aus den langen grauen Haaren vom unteren Teil des Gämsenrücken gefertigten Accessoire, das, wer im Salzkammergut ein rechtes Mannsbild sein will, fächerartig in Silber fasst und sich an den Hut steckt. Ein schöner Gamsbart besteht aus rund zehntausend zu einzelnen Büscheln gebundenen Haaren, die während der Brunftzeit des Bocks am schönsten sind. Medaillenanwärter bei der Olympiade brauchen pro Exemplar bis zu viermal so viele. Die Wettbewerbe werden übrigens in drei Größenkategorien abgehalten – »unter 16 cm«, »16–19 cm« und »über 19 cm«. Bis heute unübertroffener Weltrekordhalter ist Kaiser Franz Joseph, dessen Prachtstück stolze 24 cm maß.

rotem Kittel, hellvioletter oder lila-weiß gemusterter Schürze sowie seidenem Brusttuch. Der Spenzer hat mit Rüschen besetzt zu sein, das Kopftuch schwarzseiden und die Samthaube tunlichst mit Gold bestickt. Die alternativ verwendeten breitkrempigen Salzhüte passen gleichermaßen auf Frauen- oder Männerhäupter.

Apropos »starkes« Geschlecht: Dessen Vertreter tragen in und um Bad Aussee, und auch dies ist nur eine von vielen kleinräumig unterschiedlichen Trachtentraditionen, ein weißes Leinenhemd unter felsgrauer Jacke, eine schwarze Lederhose und blaue, weiße oder grüne Kniestrümpfe. Großer Facettenreichtum herrscht auch bei Formen und Materialien für die Accessoires, all die Broschen, Haarpfeile, Miederhaken, Kropfketten, Florschnallen und Tücherlspangen.

Ein Ritual freilich wird angeblich bis heute strikt eingehalten: Wenn junge Frauen ihre Schürzen anlegen und die Schleife vorne links binden, soll dies signalisieren, dass sie »zu haben« sind. Eine rechtsgebundene Schleife indes zeugt vom Status des Verheiratetseins. Witwen und reifere Frauen, so sagt zumindest der Volksmund, dürften ihre Schürzen demnach getrost hinten binden.

Feste und Veranstaltungen

Januar/Februar: Glöcklerläufe am Abend des 5. und **Sternsingen** bzw. **Umzug der Hl. Drei Könige** am 6. Jan. in vielen Gemeinden. **Ballonwoche & Schneespektakel** in Gosau. **Wolfgangseer Kripperlroas,** ca. 20 Krippen zur Besichtigung, auch mit Schifffahrt (bis Ende Jan.).

Februar/März: Faschingsumzüge in vielen Gemeinden.

Mai: Schafberglauf in St. Wolfgang, Berglauf gegen Dampflok. Narzissenfest in Altaussee oder Grundlsee, mit Bootskorso (Ende Mai/Anf. Juni).

Juni: Salzkammergut Almsingen, traditionelle Volksmusik, sowie Weinfest **k. u. k. Weindorf** in Bad Ischl. **Fronleichnamsprozessionen** u.a. auf dem Traun- und Hallstättersee. **Holunderblütenfest** auf div. Almen um Fuschl- und Wolfgangsee. **Wolfgangsee Classic,** Oldtimer-Bergrennen. **Ausseer Kultursommer** mit vielfältigem Programm (bis Okt.).

Juli: Attergauer Kultursommer in und um St. Georgen (bis Mitte Aug.). **Scalaria Air Challenge,** Wasserflugzeug-Show, in St. Wolfgang. **Nannerlfest** in St. Gilgen und **Mozartfestival** in Bad Goisern. **Lehár-Festival** in Bad Ischl (bis Anf. Sept.). **Kultursommer** in Altmünster. **Steinbacher Philharmonische Wochen. Salzkammergut Mozartfestival** in Hallstatt und Bad Goisern, **Mondseer Jedermann, Salzkam-**

mergut Festwochen in Gmunden (jew. bis Ende Aug.). **Ennstal Classic,** Oldtimer-Rennen.
August: Seefeste in Mondsee und Strobl mit Konzerten und Feuerwerk. **Gamsjagatage** in Bad Goisern rund um Tradition und Brauchtum. Gmündner **Töpfermarkt. Kaiserfest, -bummel, -messe und -nacht** in Bad Ischl (alle am 15. Aug.). **Kindermusiktage** in St. Gilgen. **Tanztage** in Bad Ischl.
September: Musiktage Mondsee. Ausseer Kirtag mit Bierzelt in Bad Aussee. Geigen und Fiedeln beim **Aufgeign** in Bad Goisern. **Altausseer Bierzelt. Almabtrieb** vom Kasberg/Grünau. **Almfest & Bergmesse** auf der Rossmoosalm/Bad Goisern. **Bauernherbst** in Bad Ischl, Konzerte, Markt u.v.m. (bis Ende Okt.).
Oktober/November: Theater Thalgau, Volkstheater. **Rund um den Wolfgangsee,** 27-km-Lauf, auch Kinder-, Ufer- und Marathonlauf. **Glücksplatzwanderungen** zu Kultur- und Naturerlebnisplätzen im ganzen Land (26. Okt.). **Ski-Openings** in diversen Wintersportgemeinden.

Narzissenfest am Altausseer See

Dezember: Tauplitzer Nikolospiel (5. Dez.). **Adventsingen, Krampusläufe, Advent- und Christkindlmärkte** an diversen Orten › S. 37.

Essen und Trinken

Zu den schönsten Urlaubsfreuden zählt allemal noch ein herzhaftes Essen mit einem guten Gläschen. Kulinarische Genüsse – auch für den postmodernen Menschen mindestens so wichtig wie geistige Nahrung – haben im Salzkammergut denn auch seit alters einen hohen Stellenwert. Archäologen berichten von jenem Fund zwar nicht ohne ein gewisses Augenzwinkern. Doch es wird schon eine Bewandtnis damit haben, dass sie einst bei den Ausgrabungen der Pfahlbausiedlungen am Mondsee auch prähistorische Reste von Teigstücken zutage förderten. Immerhin lässt sich daraus ableiten, dass bereits die Urahnen der

Echt gut!

Besondere Gaststätten und Restaurants

- Das **1er Beisl im Lex'nhof**, daheim in einem 560 Jahre alten Familienhotel in Nußdorf, ist als »Haubenlokal« zu Recht hochprämiert. › S. 54
- Als trendige Kalorientankstelle mit Schick präsentiert sich die **Röhre** in Unterach am Attersee. › S. 55
- Den **Litzlberger Keller** in Seewalchen hat Gustav Klimt aus gutem Grund oft besucht und auch auf Leinwand gebannt. › S. 59
- Tafeln, wo sich auch die TV-Stars tummeln: im Restaurant **Orther Stub'n** im Arkadenhof des Gmundener Seeschlosses Ort. › S. 66
- Das Restaurant in der **Spitzvilla** in Traunkirchen atmet noch den Geist jener Zeit, als der legendäre k.u.k.-Offizier und britische Gouverneur Slatin Pascha hier wohnte. › S. 70
- Der **Brunnwirt** in Fuschl ist seit langem schon Pflichtstation für Fans delikater fangfrischer Fische. › S. 86
- Man schmaust fein, wenngleich nicht allein: im Epizentrum der Operettenseligkeit, dem legendären **Weissen Rössl** am Wolfgangsee. › S. 93
- Auf Distanz zum Menschengedränge unten in St. Wolfgang geht man bei einer Jause oder frischen Forelle in der urgemütlichen **Hupfmühle**, oben am Waldesrand. › S. 94
- Hausgemachte Köstlichkeiten in unschlagbar romantischer Umgebung bekommt man in der Jausenstation **Jagdhaus** auf der **Seewiese** am Altausseer See kredenzt. › S. 127
- Romantik pur: Saibling oder Eiernockerl in der **Fischerhütte** am mystischen Toplitzsee. › S. 135

heutigen Eingeborenen wussten, was ein Knödelteig ist.

Und Knödel waren in dem abgeschiedenen salzburgisch-oberösterreichisch-steirischen Dreiländereck für die hart arbeitenden Bergbauern und Knappen seit alters ein zentraler Bestandteil ihres kargen Speiseplans. Süße Germknödel, deftige Grieß-, Speck-, Grammel-, Selch- und Leber-, ja überhaupt alle Arten von Fleischknödel finden sich in alten Rezeptbüchern seitenweise aufgelistet. Gemeinsam mit anderer »Arme-Leute-Kost« wie Kasnocken (eine Art Käsespätzle), Schlipfkrapfen (Nudelteig mit Kartoffelfüllung) oder Melkermus (eine säuerliche Milchsuppe), zieren sie heute – wieder – die Menükarten mancher ambitionierter Gasthäuser und Restaurants.

Spätestens seit dem Aufkommen des modernen Tourismus, und ganz besonders in den letzten zwei, drei Jahrzehnten zeigt sich die Kochkunst des Salzkammerguts natürlich mit vielerlei Gesichtern. Die traditionelle Küche präsentiert sich einmal ganz klassisch, dann wieder fantasievoll variiert. Internationale Spezialitäten punkten dank ausgewählter regionaler Zutaten.

Ihre zentrale Bedeutung für die Verköstigung Einheimischer und ihrer Gäste bewahrt haben sich jedenfalls die Süßwasserfische. Frisch aus den Bächen und Seen vor der Haustür gefischt, landen die Saiblinge, Forellen und Renken (Reinanken) gegrillt, geräuchert, »blau« oder mit Mandeln gespickt auf den Tellern. Ihren Fischgerichten verdanken viele Lokale, ob gutbürgerliche Gasthöfe oder haubenbekrönte Gourmettempel, ihren Ruf. Natürlich sind aber auch genug traditionelle Fleischgerichte vom Schwein, Rind, Geflügel oder Wild auf der Speisekarte vertreten.

Sündhaft gut, ergo eine akute Gefahr für alle Schlankheitsfanatiker, sind die Süßigkeiten: allen voran die Salzburger Nockerln, eine goldbraun gebackene Masse aus Eiern, Zucker, etwas Mehl, Butter und viel Luft. Hochämter vollendeter Patisseriekunst zelebriert man u. a. in der Konditorei Grellinger in Gmunden und, in Österreich weltberühmt, beim Zauner in Bad Ischl.

Und was trinkt man zu alledem im Salzkammergut? Mittlerweile natürlich bei Bedarf edle Weine aus aller Welt. Typisch für die Region aber – und ein Hinweis auf die bajuwarische Herkunft ihrer Bewohner – ist und bleibt das Bier aus den Brauereien des nahen Salzburger bzw. des Alpenvorlands. Mit der Rechnung kredenzt man dann zu guter Letzt gerne den Schnaps – tunlichst Selbstgebrannten. Manche Brenner der Region rangieren im internationalen Spitzenfeld!

Shopping

Sehr beliebt, wenngleich nicht ganz billig, sind Loden- und Trachtenstoffe bzw. die daraus (im Idealfall maß-)gefertigten Trachten, Kleider und Tücher, Joppen, Anzüge und Mäntel. Charmante Erzeugnisse des regionalen Kunsthandwerks sind weiters: Lederhosen und die berühmten genagelten Goiserer-Bergschuhe, Hinterglasbilder, Trockenblumen, bemalte Bauernmöbel sowie die Mondseer und die für ihr grün-geflammtes Dekor auf weißem Grund berühmte Gmundner Keramik.

Auch kulinarische Genüsse sind als Mitbringsel stets gefragt: vom Bauernbrot über Gselchtes und Speck bis zum Bier, Most und Almkäse sowie natürlich, merklich kalorienreicher, Lebkuchen, Süßspeisen (etwa der Zaunerstollen aus der gleichnamigen Ischler Konditorei) und die legendären Mozartkugeln. Fundgruben für authentische Gaumenfreuden sind die zahlreichen Bauernmärkte der Region.

Der Duft von Lebkuchen und Zuckerwatte, dazu Punschwein, pausbackige Holzengerln und geschnitzte Krippen: Der Bummel über einen der zahlreichen **Advent- und Christkindlmärkte** des Salzkammerguts, zum Beispiel in der Gmundner und Bad Ischler Altstadt, in St. Wolfgang, Mondsee, Traunkirchen, im See- und im Landschloss Ort, stimmt selbst die nüchternsten Gemüter romantisch und lässt die hartnäckigsten Konsumverweigerer mit einem authentischen Mitbringsel heimkehren.

Echt gut!

Unterwegs im Salzkammergut

Entdecken Sie die einzelnen Reiseregionen – jeweils mit den schönsten Touren, allem Sehens- und Erlebenswerten, Hotel-, Restaurant-, Nightlife- und Shoppingtipps

Das nördliche Salzkammergut

Nicht verpassen!

- An der Seepromenade der Keramikstadt Gmunden das Italien-Flair genießen
- Mit dem Schaufelraddampfer »Gisela« über den Traunsee schippern
- Eine Segelpartie oder einen Schiffsausflug über den malerischen Attersee unternehmen
- In Seewalchen am Attersee auf Gustav Klimts oder in Steinbach auf Gustav Mahlers Spuren wandeln
- Natur pur im idyllischen Almtal und die heimische Fauna im Cumberland Wildpark erleben

Karte Seite 44

Zur Orientierung

Das nördliche Salzkammergut, das administrativ zum Bundesland Oberösterreich gehört, wird landschaftlich geprägt durch mehrere große Seen. Diese reichen im Norden in das sanft-wellige Alpenvorland hinein. Richtung Süden werden ihre Ufer zusehends gebirgig. Gesäumt sind sie von malerischen Ortschaften, oft traditionelle Sommerfrischen, die über lange Badestrände, eine Fülle von Hotels und Pensionen, Gasthöfen und Gourmetrestaurants, aber auch historischen Villen und Kunstdenkmälern – kurz: über eine idealtypische Infrastruktur – verfügen. Gelungene Urlaubswochen sind so, selbst wenn es mal ein paar Tage regnen sollte, garantiert.

Die beiden wärmsten dieser großen Badewannen, der Mondsee und der Irrsee, liegen ganz im Westen. Der mit fast 50 Quadratkilometern größte, der dank des auf ihm stetig wehenden sogenannten »Rosenwinds« zudem als famoses Segler- und Surferparadies gilt, ist der Attersee. Das mit 191 m tiefste und infolge seiner etwa zur Hälfte felsig-steilen Ufer am dünnsten besiedelte Großgewässer ist der Traunsee.

Seit Urzeiten das kulturelle Zentrum der Region bildet das Nordufer des Mondsees, wo schon in der Jungsteinzeit Menschen siedelten und vor über 1250 Jahren ein Kloster von überragender Wirkkraft gegründet wurde. Die Herzen von allen, die sich für Kunst und Kulturgeschichte interessieren, schlagen aber etwa auch in Gmunden, das einst als Haupthandelsplatz für das Salz zu Reichtum und Pracht gelangte, in Altmünster, Traunkirchen, Seewalchen und St. Georgen höher.

Als herrliches, noch unversehrtes Naturparadies erweist sich, ganz im Osten, in Nord-Süd-Richtung auf den mächtigen Felsstock des Toten Gebirges zulaufend, das Almtal mit seinem gleichnamigen See.

Traunkirchen am Traunsee vor dem Traunstein

Touren in der Region

Kultur-Tour vom Mondsee zum Traunsee

(4) Mondsee › Unterach › Steinbach › Weißenbachtal › Ebensee › Traunkirchen › Altmünster › Gmunden

Länge: 2–3 Tage; knapp 100 km
Praktische Hinweise: Die Tour beschreibt die reine Strecke samt den einzelnen Stationen. Je nach Gusto kann man die eine oder andere Wanderung oder auch eine Schifffahrt auf

dem Mond-, Atter- oder Traunsee unternehmen, was die Gesamtdauer entsprechend verlängert. Auch durch einen Abstecher nach Bad Ischl lässt sich die Tour natürlich nach Belieben ausdehnen.

Den Ausgangspunkt dieser landschaftlich wie kulturgeschichtlich reizvollen Fahrt bildet, in der Nordwestecke des gleichnamigen Sees, der Ort ****Mondsee** › S. 46. Drei Sehenswürdigkeiten sind es vor allem, die ihn aus Sicht von Kulturinteressierten dazu prädestinieren: das ehemalige Kloster und heutige Schloss Mondsee mit Basilika, das Pfahlbaumuseum/Museum MondSeeLand und das Freilichtmuseum Rauchhaus.

Nun steht man vor der Qual der Wahl: Nimmt man die Route entlang dem Nordufer über Loibichl, oder folgt man dem Südufer über **St. Lorenz** › S. 50, vorbei an der mächtigen Drachenwand? Hier wie dort verleihen Strandbäder, Segelschulen, Ferienpensionen der Fahrt das Flair einer unbeschwerten Sommerpartie. Und letztlich erreicht man auf beiden Strecken das Zwischenziel – die Südspitze des **Attersees.** Dort, in ***Unterach** › S. 54, erweist man auf dem Viktor-Kaplan-Themenweg dem Erfinder der Wasserturbine die Reverenz.

Es folgt am Ostufer ein Abstecher nach **Steinbach** › S. 56, wo man den Künstlerweg entlangspazierend mit dem Audioguide am Ohr prominenter Feriengäste von einst, allen voran Gustav Mahler, gedenkt.

Nach einer Übernachtung in einem der geschichtsträchtigen Uferhotels fährt man via **Weißenbach** › S. 56 durch das romantische ***Weißenbachtal** › S. 72, das leuchtend grüne, kristallklare Flüsschen gleichen Namens entlang an die Traun und diese entlang nach ***Ebensee** › S. 70. In der traditionsreichen Salinenstadt am Traunsee werden Besucher in mehreren Museen mit den dunklen Kapiteln der regionalen NS-Zeitgeschichte konfrontiert. Die Seele wieder weiten helfen Ausflüge zum Offen-, zu den Langbathseen oder, per Seilbahn, auf den Feuerkogel.

Paradies für Wassersportler: der Mondsee

Die nächste Etappe führt auf schmaler Straße am felsigen Westufer des **Traunsees** nach Norden. ***Traunkirchen** › S. 69 und ***Altmünster** › S. 68 bezirzen mit ihren malerischen Ortsbildern und kostbar ausgestatteten Kirchen.

Rechtzeitig zum Promenieren bei Sonnenuntergang erreicht man die altehrwürdige Salzhandelsstadt ****Gmunden** › S. 62. Rund um das schmucke Rathaus, auf dem Marktplatz und entlang der Seepromenade atmet man italienisches Flair. Eine Werkstour durch die Gmundner Manufaktur macht mit der Kunst der örtlichen Keramikhersteller bekannt. Eine Tour zu den Schlössern im Umland – Weyer, Cumberland, Ebenzweier, Villa Toscana und, als »grande finale«, das Seeschloss Ort – erinnert an Gmundens frühere Karriere als Feriendomizil des europäischen Hochadels.

Salzkammergut-Radweg von Gmunden nach Mondsee

(5) Gmunden › Aurach › Schörfling › Seewalchen › St. Georgen › Attersee › Unterach › Mondsee

Länge: 2 Tage; 63 km

Praktische Hinweise:

Als Teil des insgesamt 345 km langen Salzkammergut Radweges verläuft die – großteils asphaltierte – Route überwiegend auf Radwegen und verkehrsarmen Nebenstraßen. Mehrere Knotenpunkte bzw. Ergänzungsstücke ermöglichen Abkürzungen bzw. Zusatzausflüge. In allen Orten finden sich Übernachtungsbetriebe diverser Kategorien, die ihr Angebot auf die Bedürfnisse von Radtourenfahrern abgestimmt haben. Der Radweg ist in beiden Richtungen mit grünen Tafeln beschildert.
Er heißt auf oberösterrischen Boden zusätzlich R2, auf salzburgischem R19. Als verlässlicher Begleiter empfiehlt sich die Rad + Freizeitkarte RK4 1:125 000 von Freytag & Berndt, inkl. Streckenkurzbeschreibungen, Adressen, Tipps.

Der nördlichste Teil des Salzkammerguts, durch den die hier beschriebene Route verläuft, gehört zum sanft-hügeligen Alpenvorland und ist damit prädestiniert für eine relativ komfortable Radwanderung ohne allzu heftige und lange Steigungen.

Ausgangspunkt ist die an der Nordspitze des Traunsees gelegene Kurstadt ****Gmunden** › S. 62 mit dem aus der Fernsehserie bekannten Seeschloss Ort. Von dort führt der Weg westwärts über **Aurach** zum Attersee. Hier, in ***Schörfling** › S. 57 und in ***Seewalchen** › S. 58 locken, wie in allen Uferorten entlang dieser Tour, öffentliche Strände zum erfrischenden Bad und eine Fülle vorzüglicher Gasthäuser zur Stärkung. Aber auch Kunstgenuss wartet – in Form des neuen Gustav-Klimt-Zentrums in Schloss

Kammer inklusive zugehörigem Themenweg.

Nun quert man in weitem Bogen den Attergau. Ein Zwischenstopp zwecks Museumsbesuchen im Hauptort **St. Georgen** › S. 60 lohnt ebenso wie ein seelenweitender Fernblick von der Spitze des Aussichtsturms auf dem **Lichtenberg** › S. 61. Danach geht es

4 Kultur-Tour von Mondsee zum Traunsee Mondsee › Loibichl od. St. Lorenz › Unterach › Steinbach › Weißenbachtal › Ebensee › Traunkirchen › Altmünster › Gmunden

zurück zum See, nach **Nußdorf** › S. 54 und am Westufer entlang nach ***Unterach** › S. 54. Wer sich hier erneut informativ die Füße vertreten will, absolviert wahlweise den Naturlehrpfad Edelkastanienwald oder den Viktor-Kaplan-Themenweg.

Eine Übernachtung später rollt man westwärts dem **Mondsee**

5 **Salzkammergut-Radweg von Gmunden nach Mondsee** **Gmunden › Aurach › Schörfling › Seewalchen › St. Georgen › Attersee › Unterach › Mondsee**

entgegen. Vom Dörfchen **Au** folgt man seinem Nordufer, linker Hand die imposante **Drachenwand** › S. 50 im Blick, die fast 1300 m vertikal zum Wasser hin abbricht, nach **Loibichl** und – ein kleines Stück parallel zur nahen Westautobahn – bis nach ****Mondsee** › S. 46. Unterwegs empfiehlt sich – bei Schönwetter –, klar, ein weiteres Bad. Denn am Ziel angekommen, wartet noch eine ordentliche Portion Sightseeing. Highlight ist dabei die ehemalige Klosterkirche mit ihren wunderschönen Barockaltären. Aber nicht versäumen sollte man auch das Bauernmuseum und das Pfahlbaumuseum. Spätestens danach hat man sich in einem der Traditionsgasthöfe, die den malerischen Marktplatz säumen, ein herzhaftes Mahl und ein zünftiges lokales Bier redlich verdient.

Wer noch nicht ausgelastet ist, hat nun diverse Möglichkeiten, die Tour auf dem Salzkammergut Radweg fortzusetzen: **Variante 1** führt entlang des Westufers des Irrsees nordwärts nach Oberhofen, Straßwalchen, durch den nördlichen Flachgau und, nach einem Schlenker über Anthering, südwärts nach Salzburg (ca. 65 km). In die Mozartstadt führt auch **Variante 2** von Mondsee nach Westen über Thalgau (ca. 30 km). **Variante 3** verläuft via St. Gilgen entlang des Wolfgangsee-Südufers nach Bad Ischl und über Ebensee zurück nach Gmunden (ca. 75 km).

Unterwegs im Nördlichen Salzkammergut

**Mondsee 1

Mit der Marktgemeinde Mondsee (3250 Ew.; 493 m) erreicht man nicht nur eine der malerischsten Ortschaften der Region, sondern auch besonders alten Siedlungsboden. Denn an dem 11 km langen und über 2 km breiten **Mondsee,** an dessen Nordwestecke sie liegt, siedelten bereits in der Jungsteinzeit, etwa zwischen 2500 und 1800 v.Chr., Menschen. An mehreren Stellen im ufernahen Bereich haben Forscher bereits in den 1870er-Jahren knapp unter der Wasseroberfläche Reste von Pfahlbauten entdeckt. Die größten und bedeutendsten Funde wurden in Scharfling und ganz im Osten, nahe dem Seeausfluss beim Gasthaus See getätigt. Sie umfassten jeweils mehrere Tausend Pfähle und eine Vielzahl von Werkzeugen aus Knochen und Stein sowie Zeugnissen neolithischer Töpferei und auch frühe Metallobjekte. Die Wissenschaft taufte aufgrund dieser Fundorte die gesamte ostalpine Pfahlbaukultur und die typische Keramik »Mondsee-Kultur«.

Ein Wahrzeichen von Mondsee: die gotische Basilika St. Michael

Museum MondSeeLand und St. Michael

Die Methoden der Bergung, vor allem aber die Überreste jener fernen Epoche finden sich im ***Pfahlbaumuseum** dokumentiert, das seinerseits dem **Museum MondSeeLand** angegliedert ist (beide: Wredeplatz 1; Mitte Juni bis Anf. Sept. Di–So 10 bis 18, ab Anf. Mai und Sept. bis 17, Okt. nur Sa, So, Fei 10–17 Uhr; Tel. 06232/2895).

Untergebracht ist das Heimatmuseum in den Räumen des ehemaligen Klosters, der im buchstäblichen Sinne herausragenden Sehenswürdigkeit von Mondsee. Es wurde 748 durch Bayernherzog Odilo aus dem Geschlecht der Agilolfinger gegründet. Zwei Generationen später nahmen seine Mönche die Benediktinerregel an. Mehr als 1000 Jahre lang bildete es das große geistig-kulturelle und zivilisatorische Zentrum der Region. 1791, unter Leopold II., wurde es, eine Folge der josephinischen Reformen, aufgelöst. Die ungemein kostbaren Bestände seiner Bibliothek – mittelalterliche Handschriften, Inkunabeln, Buchmalereien – lagern heute in Linz und Wien.

1810 verlieh Napoleon die Herrschaft Mondsee dem bayrischen Feldmarschall Karl Philipp von Wrede. Das frühere Stift wurde zum **Schloss Mondsee,** kam über Erbwege in den Besitz der portugiesischen Grafen Almeida, wurde 1984 verkauft und fungiert seit 2001 als gediegenes Hotel › S. 49.

Eine weitere Sehenswürdigkeit ist die ehemalige Kloster- und heutige ****Pfarrkirche St. Michael,** deren hellgelbe, stark geschwungene Doppelturmfassade übrigens auch in dem Filmhit »Sound of Music« an prominenter Stelle auftaucht. Der 70 m lange Innenraum dieses im Jahr 2005 durch Papst Johannes Paul II. zur

Basilika minor erhobenen, dem hl. Michael geweihten Gotteshauses ist gotisch geprägt, besitzt eine vorzügliche Akustik und wird entsprechend gerne für **Konzerte, vor allem auch im Rahmen der Musiktage Mondsee,** genutzt. Ausgezeichnet ist seine barocke Ausstattung, vor allem jene fünf Altäre, die der aus dem schweizerischen Eisiedeln stammende Meinrad Guggenbichler schuf. Besonders hervorzuheben: sein Corpus-Christi-Altar im nördlichen Seitenschiff, dessen puttenartige Engel, sogenannte »Kindl«, als Säulenträger zum Lieblingsmotiv aller Fotografen avancierten, aber auch der Anfang des 17. Jhs. von Hans Waldburger geschaffene Hochaltar.

Echt gut!

Bauernmuseum und Kulturweg

Gute Einblicke in die bäuerliche Kultur vergangener Tage gibt das Freilicht- und **Bauernmuseum Mond SeeLand** am **Hilfberg.** Dessen Mittelpunkt bildet das sogenannte ***Mondseer Rauchhaus,** ein Bauernhof mit zentral gelegener Feuerstelle aus dem Jahr 1416. Es wurde 1959 beim Bau der Westautobahn abgetragen, mitsamt Nebengebäuden, einem Getreidekasten z.B., dem »Dörrhäusl« für das Obst und einer Mühle, unweit der Stiftskirche originalgetreu wieder aufgebaut (Anf. Mai–Anf. Sept. Di–So 10 bis 18, danach bis Mitte Okt. bis 17, 2. Okt.-Hälfte nur Sa, So, Fei 10 bis 17 Uhr; Tel. 0664/3406020, www.museummondsee.at).

Eine schöne Art, auf den Spuren der örtlichen Geschichte zu wandeln und dabei neben den genannten Highlights auch diverse weitere Kulturdenkmäler zu inspizieren, bietet der **Kulturweg Mondsee.** Er beginnt beim Büro des Tourismusverbandes, der im 500 Jahre alten Gemäuer des ehemaligen Bürgerspitals in der Dr.-Franz-Müller-Straße logiert, führt an der **Bürgerspitalkirche** vorbei auf den von prächtigen Häusern aus dem 16. bis 18. Jh. umstellten **Marktplatz** und zur Basilika. Weitere Stationen entlang der etwa 1½-stündigen, bestens beschilderten Route sind: Rauchhaus und Bauernmuseum, die Wallfahrtskirche auf dem **Hilfberg** und der **Almeidapark** mit der Judas-Thaddäus-Kapelle.

Auf dem Rückweg über die Seepromenade gilt es, dem zur Erinnerung an die **Salzkammergut Lokalbahn** eingerichteten **Museum** einen Besuch abzustatten. Die auch »Ischlerbahn« genannte Schmalspurbahn verkehrte von 1893 bis zu ihrer Einstellung 1957 zwischen der Stadt Salzburg und dem Kurort Bad Ischl und war über einen Abzweiger bei St. Lorenz auch mit dem Markt Mondsee verbunden (Ende Mai bis Anf. Sept. Sa, So, Fei 10–12 und 14–17 Uhr, Juli, Aug. auch Fr nachmittags; Tel. 06232/2270).

Info

TVB MondSeeLand, Mondsee-Irrsee
Dr.-Franz-Müller-Str. 3
5310 Mondsee][Tel. 06232/2270
www.mondsee.at

Karte Seite 44

Hotels

■ Lackner

Mondseerstr. 1
Tel. 06232/2359
www.seehotel-lackner.at
Stilvolles Seehotel mit atemberaubender Aussicht, Haubenrestaurant, Vinothek und hausgemachter Feinkost, auch zum Mitnehmen. ●●●

■ Romantikhotel Schloss Mondsee

Schlosshof 1a][Tel. 06232/5001
www.schlossmondsee.at
Echt gut! **Gediegenes Romantikhotel in geschichtsträchtigem Klostergemäuer** im Ortszentrum, weitläufige, lichte Zimmer, Top-Service, Prachtgarten, Gourmet-Restaurant Schlossgewölbe. ●●●

■ Krone

Rainerstr. 1][Tel. 06232/2236
www.hotelkrone.org
Ein Klassiker österreichischer Gastlichkeit, bürgerlich-gepflegt, moderner Komfort, im Ortskern. ●●

Restaurants

■ Iris Porsche

Marktplatz 1][Tel. 06232/22370
www.irisporsche.at
Viel gepriesener Gourmettempel im modernen Edeldesign mit fantasievoller Regionalküche. Kein Ruhetag. Zugehörig: das ultraschicke Hotel »Hideaway«. ●●●

■ La Farandole

Schlösslweg 1][Tel. 06232/3475
www.lafarandole.at
Kreative heimische Küche mit französischem Einschlag auf höchstem Niveau. Nur mit Reservierung. ●●●

■ Seehof-Maninseo

Loibichl][Auhof 1
Tel. 06232/5031
www.seehof-mondsee.com

Farbenprächtige Bürgerhäuser am Marktplatz von Mondsee

Gaumenerlebnisse der Extraklasse auf Basis regionaler Produkte und Rezepte; im 5-Sterne-Hotel, 6 km außerhalb am Ostufer. Kein Ruhetag. ●●●

■ Fisherman's

Robert-Baum-Promenade 1
Tel. 06232/36479
www.fishermans.at
Delikate Schmankerl und fantasievolle Eiskreationen in Traumlage an der Seepromenade. Juli, Aug. tgl., sonst Di, Fei geschl. ●●

■ Schlossbräu

Wredeplatz 1][Tel. 06232/5001-245
Feine Regionalküche in uriger Atmosphäre, Terrasse mit Blick über den Marktplatz zur Basilika. ●●

■ Riesnerhof

Mondseeberg 6][Tel. 06232/3333
www.riesnerhof.at
Landwirtshaus und Mostheuriger mit Panorama-Seeblick, herzhafte Bio-Kost vorwiegend mit Produkten aus eigener Stall- und Fischzucht. Mo, Di geschl., Mi–Sa ab 17, So, Fei ab 12 Uhr. ●–●●

Die mächtige Drachenwand überragt den Mondsee bei St. Lorenz

Nightlife

Rösslbar
Steinerbachstr. 2
Tel. 0664/5728899
In-Treff für junges Publikum. Mi–Sa ca. 21–4 Uhr.

Shopping

Kunst.Handwerk.Keramik
Dr.-Franz-Müller-Str. 1
Gartenkeramik, Vasen, Schalen, Skulpturen, handgerührte Naturseifen u.v.m.

Zelder
Rainerstr. 1][Tel. 06232/6630
www.zelder.at
Zeitgemäße Trachtenmode von Hut bis Schuh, vor allem Dirndl, Janker und (Leder-)Hosen.

St. Lorenz 2

Der Sommerfrischeort (2300 Ew.; 493 m) liegt 5 km südlich von Mondsee am Westufer des gleichnamigen Sees und zu Füßen der Echt gut! **Drachenwand, einer mächtigen, 1300 m hohen Felswand.**

Direkt unterhalb, auf ebenem Wiesenland, liegt malerisch die barocke **Laurentius-Kirche.** Sie enthält mehrere Skulpturen von Meinrad Guggenbichler und drei sehenswerte Marmoraltäre des Salzburger Steinmetzmeisters Georg Doppler.

Etwas nördlich, an der Mondseestraße, erwarten den Besucher im **Kulturgut Höribach** 3 Erlebnisse für alle Sinne: vom Labyrinth, Geomantiepfad und Abenteuerspielplatz über Ayurveda, Yoga, Darstellende und Bildende Kunst bis zum Laden für Naturkosmetik, kluge Bücher und Spielzeuge (Di–So 11–18 Uhr; www.kulturgut-mondsee.eu).

Hotel

Marienschlössl Eichingerbauer
Eich 34][Tel. 06232/2658
www.eichingerbauer.at
Deluxe-Landhotel mit reichhaltigem Wellness-, Aktiv- und Kulinarikprogramm. ●●●

Karte Seite 44

Restaurants

■ Drachenwand
St. Lorenz 46][Tel. 06232/3356
www.drachenwand.at
Gediegene Regionalkost in gemütlichem, 500-jährigem Gemäuer. In der Sommersaison tgl., sonst Mo, Di, Nov. bis Jan. auch Mi–Fr mittags geschl. ●●

■ Holzingerbauer
Oberburgau 12
Tel. 06232/3841
Gasthof-Jausenstation am südlichen Seeufer, nahe der B 154, mit urigem Ambiente, herzhaften Schmankerln, hohem Promi-Faktor. ●–●●

Oberwang 4

Der 11 km nordöstlich von Mondsee, auf halbem Weg nach Straß im Attergau gelegene Ort lockt mit einem neuen, liebevoll gestalteten Rundwanderweg namens **Lebensroas** (Lebensreise). Auf 2 km Länge werden auf zwölf Stationen Geschichten und Anekdoten aus dem ländlichen Alltag durch Lesen, Hören, Angreifen, Spielen und Raten begeh- und erlebbar. Ergänzend gibt es regelmäßig Veranstaltungen, von der Wildkräuter-Wanderung bis zur Brechlvorführung, einer Schau, wie man Flachs zu Leinen verarbeitet (Tel. 0664/1031468, www.lebensroas.at).

Auch Kunstinteressierte kommen auf ihre Rechnung: Die barocke **Pfarrkirche St. Kilian** besitzt einen Hochaltar von Meinrad Guggenbichler, die alte **Konradkirche** bis heute ihr ursprüngliches spätgotisches Gepräge und neuere kunstvolle Glasfenster.

Restaurant

Zum Fidelen Bauer
Großenschwandt 31
Tel. 06233/8570
www.fideler-bauer.at
Beliebtes Ausflugsgasthaus mit gemütlichen Stuben und bodenständiger Hausmannskost, Ausgangspunkt für den Lebensroas-Weg. ●

*Irrsee

Eingebettet in liebliches Hügelland, ausgedehnte Moorflächen und die etwa 1000 m hohen Waldkuppen des Schoibern-, Lehm- und Kolomansberges, liegt, nur 6 km nördlich von Mondsee entfernt, der Zeller- alias Irrsee. Er ist 4,5 km lang und außergewöhnlich warm, steht mitsamt seinen sanftwelligen Ufern unter strengem Naturschutz und dank seiner vielen öffentlich zugänglichen Strandbäder mit großen Liegewiesen, Buffets und Spielplätzen vor allem bei Urlauberfamilien in bestem Ruf.

Zell am Moos 5

Hauptort der mit einem dichten Rad- und Wanderwegenetz durchzogenen Region ist am südöstlichen Seeufer Zell am Moos (1500 Ew.; 573 m). Er gehört verwaltungstechnisch bereits zum Hausruckviertel. Seine Hauptattraktion ist das **Heimatmuseum Irrsee,** eine umfangreiche, liebevoll präsentierte Sammlung von Objekten des bäuerlichen Alltags, Brauchtums und Handwerks der Region. Seine Besonderheiten sind die Räucherküche aus dem

18. Jh., die Hausmühle und eine Schnapsbrennerei. Angeschlossen ist die **Gartengalerie,** ein 1000 m² großes begehbares Gesamtkunstwerk mit ausgewählten Skulpturen, Bronzen und Reliefs des Museumsgründers Hans Mairhofer (Dorfstr. 20; Mitte Juni–Anf. Sept. Di–So 10–18, ab Anf. Mai und Sept. bis 17, Okt. nur Sa, So, Fei 10–17 Uhr; Tel. 06232/2895).

Einen Blick wert ist auch die **Pfarrkirche** (12. Jh.) mit ihrem gotischen Netzrippengewölbe.

Info

TVB Mondsee-Irrsee
Kirchenplatz 1
4893 Zell am Moos
Tel. 06234/8215][www.mondsee.at

Hotels

■ **Dorferwirt**
Am Irrsee 40][Tiefgraben
Tel. 06234/8275
www.dorferwirt-am-irrsee.at
Gepflegte Oase für Erholungssucher direkt am westlichen Seeufer, eigener Badeplatz mit Ruderbooten, geräumige Zimmer und Familiensuiten. ●●

■ **Steiningerhof**
Am Irrsee 36][Tiefgraben
Tel. 06234/8288
www.steiningerhof-dittlbacher.at
Rustikale Pension in sonniger Ruhelage, 100 m zum hauseigenen Badestrand. Zimmer mit Balkon/Seeblick. ●

Restaurant

Wirt z'Zell
Kirchenplatz 2
Tel. 06234/8207
www.gasthof-langwallner.at
Traditionelle Gastfreundschaft und moderne Küche unterm Dach der 450 Jahre alten Ex-Taverne des Mondseer Klosters; romantischer Gastgarten, eigene Metzgerei. Mi geschl. ●–●●

Shopping

Irrsee Keramik
Dorfstr. 20][Tel. 06234/7025
Kunstobjekte und individuelle Gebrauchskeramik. Schau- und Verkaufsraum im Heimatmuseum. Mai–Sept. Fr–Mo 14–18 Uhr.

Idyllisches Baden am Irrsee, auch Zeller See genannt

Karte Seite 44

Unbedingt empfehlenswert: eine Schifffahrt auf dem Attersee

Attersee 6

Jener malerische Ort (1560 Ew.; 469 m), der dem auch Kammersee genannten Gewässer seinen Namen gab, liegt am nordwestlichen Ufer und hat sich in jüngster Zeit zu einem Refugium der Schönen und Reichen entwickelt. Seinen ländlichen Charme hat Attersee deshalb aber keineswegs eingebüßt.

Stellvertretend dafür stehen das **Frominger-** und das mit dem Fresko einer Bauernhochzeit verzierte **Hagerhaus.** Kunstinteressierte zieht es ins **Heimathaus** oder, zu Zeitgenössischem, in die **Attersee Kunsthalle** (Öz. in beiden variabel, Tel. 07666/7755).

Als Wahrzeichen über dem Ort thront die gotische, im 17. Jh. von Baumeister Jakob Pawanger barockisierte **Pfarr- und Wallfahrtskirche Maria Attersee.**

Info

Ferienregion Attersee-Salzkammergut
Nußdorfer Str. 15][4864 Attersee
Tel. 07666/7719][www.attersee.at

Hotel

Schneeweiß
Abtsdorf 30][Tel. 07666/7721
www.hotel-schneeweiss.at
Hotel in ruhiger Waldrandlage 2 km vom See, mit Schwimmbad, Wildgehege, Restaurant mit Spezialitäten aus eigener Bio-Landwirtschaft. ●–●●

Restaurant

Oberndorfer
Hauptstr. 18][Tel. 07666/78640
www.oberndorfer.info
Feines Schmausen im Deluxe-Gasthof mit Seeblick, kein Ruhetag. ●●●

1 Attersee per Schiff

Der mit 20 km Länge, bis zu 4 km Breite und 170 m Tiefe größte See des Salzkammergutes inspirierte schon Gustav Klimt zu Gemälden. Warum ihn die Landschaft so in Bann zog, kann man am besten bei einer Schiffsrundfahrt erleben (Ende April–Ende Sept.; www.attersee schifffahrt.at). Es gibt einen kleinen Nord- und einen großen Südkurs, zudem Sonderfahrten, z.B. für Kinder, Tanznächte, Adventsrunden, …

Nußdorf 7

Auch Attersees südliche Nachbargemeinde Nußdorf (1100 Ew.; 500 m) vereint alle Vorzüge eines familienfreundlichen Ferienortes.

Hier lohnen der Spaziergang auf den **Reitergupf** (934 m; Dachsteinblick!), die rund 1½-stündige Wanderung über den **Wildholzweg,** auf dem sich das »Wunder Baum« mit allen Sinnen erleben lässt, zum Aussichtspunkt Pfarrer Salettl; aber auch der gut doppelt so lange Weg vorbei an der **Reiserbauernmühle** (Schaumahlen im Sommer jeden Mi um 17 Uhr) zum Naturschutzgebiet ***Egelsee** 8 mit seinem Hochmoor.

Hotel

Haberl
Altenberg 17][4865 Nußdorf
Tel. 07666/8114
www.haberl-attersee.at
Zeitgemäßes Seminar- und Ferienhotel von schnörkelloser Eleganz, mit 4-Sterne-Komfort, phänomenalem Fernblick über See und Gebirge, vor der Haustür 18-Loch-Golfplatz. ●●

Die Sommerfrische Unterach

Restaurants

1er Beisl im Lex'nhof
Am Anger 4][Tel. 07666/80000
www.lexenhof.at
Echt gut!
Zu Recht hochprämiertes Haubenlokal als Teil eines Traditionshotels in einem 15.-Jh.-Hof, gemütliche Gaststube, schattiger Garten. ●●–●●●

Aichinger
Am Anger 1][Tel. 07666/8007
www.hotel-aichinger.at
Feine, oft kalorienträchtige Schmankerl von anno dazumal Marke Kalbsbries, Grammeltaschen oder Hirn in edelrustikalem Rahmen. ●●

Ragginger
Dorfstr. 42][Tel. 07666/8005
www.ragginger.co.at
Die hauseigene Metzgerei liefert das Fleisch, die Region den Rest für die so ehrliche wie qualitätvolle Küche. In der Nebensaison Mi geschl. ●●

Nightlife

American Bar
Kapellenweg 3
Mai–Sept. tgl. bis ca. 3 Uhr
Gepflegte Bar für Nachteulen im stilvollen Club- und Lounge-Look, anspruchsvolles Musikprogramm.

*Unterach 9

Die Sommerfrische am Südende des Attersees liegt romantisch im Schatten von Schafberg und Höllengebirge. Unterach (1500 Ew.), das im 19. Jh. den Beinamen »Klein-Venedig« trug, verströmt mit seinen vielen Gründerzeitvillen noch einiges vom Charme des Fin de Siècle. An seinem Ufer wurden aber auch Reste einer Pfahlbausiedlung aus der Jungstein- und Bronzezeit gefunden. Sehr inspirierend ist die Wanderung über den **Naturlehrpfad Edelkastanienwald,** lehrreich der elf Stationen umfassende **Themenweg** in Erinnerung an **Viktor Kaplan,** den Erfinder der Kaplan-Wasserturbine, der in Unterach seine letzte Ruhe gefunden hat.

Echt gut!

Ein imposantes Naturspiel bietet die *Burggrabenklamm 10, die 5 km südöstlich bei Burgau in den nordöstlichen Ausläufer des Schafbergs schneidet und an einem 40 m hohen Wasserfall endet. Der Steig dorthin ist leider seit einigen Jahren infolge eines Unfalls und Behördenstreits gesperrt, der Durchstieg über den »Valerie-Weg« ist hingegen wieder möglich (ca. ½ Std.); außerdem werden spannende Canyoning-Touren angeboten (Auskunft beim Infobüro › unten).

Valerie-Weg: auf schönem Steig durch die Burggrabenklamm

Info

Informationsbüro Unterach
Hauptstr. 9][4866 Unterach
Tel. 07665/8327
www.oberoesterreich.at/unterach

Hotels

■ **Goldener Anker**
Hauptplatz 2][Tel. 07665/8390
www.seehotel-anker.at
Zentrale Lage mit direktem Seezugang, heimelige Zimmer mit 3-Sterne-Komfort, nette Gaststube mit Bar, Winter- und schattigem Gastgarten. ●●

■ **Zettelmühle**
Atterseestr. 45][Tel. 07665/8515
www.zettelmuehle.at
Gemütliche Frühstückspension direkt am See mit eigenem Badeplatz. ●

Restaurants

■ **Die Röhre**
Eichenweg 1
Tel. 0664/1339864
www.dieroehre.com
Der Name entspricht der Architektur – so innovativ wie die Gastronomie.

Echt gut!

Terrassenrestaurant mit in- und ausländischen Spezialitäten, Coffeeshop, Wein-/Snackbar. Ostern–Neujahr 15–1, Sa, So, Fei ab 9 Uhr, Di, Mi, Juli, Aug. nur Mi geschl. ●●

■ **Weingartl**
Hauptplatz 6][Tel. 07665/8274
Weinstube/Heurigenschenke mit regionaler Schmankerlküche und charmant-schrulligem Wirt. Di–So 17–2 Uhr. ●

Hier komponierte Gustav Mahler

Shopping

■ **Kunst am Klimtplatz**
Hauptplatz 4][Tel. 0664/5603550
www.kunst-am-klimtplatz.at
Ölgemälde von 1820 bis 1950, Schmuck, Kunstobjekte. Juli, Aug. Mo bis Fr 10–12 und 16–18.30, Sa nur vormittags, Sept.–Juni Di, Fr 15–17.30, Sa 10–12 Uhr.

■ **Maria Rath**
Kohlstatt 78][Tel. 0664/1333596
www.maria-rath.at
Handgemalte Schützenscheiben.

■ **Helga & Günter Fellinger**
Kohlstatt 6e][Tel. 0699/81854781
www.lebens-kunst-fellinger.at
Skulpturen aus Holz und Stein, auch Bildhauerworkshops.

Weißenbach 11 und Steinbach 12

Das östliche Ufer des Attersees zeigt sich landschaftlich von zwei sehr unterschiedlichen Seiten: Während es im Süden auf Höhe der Sommerfrische **Weißenbach** noch recht eng ist – hier drängen die Felshänge des Höllengebirges nahe ans Wasser –, weitet sich auf der Höhe von Weyregg die Szenerie zu sanftem Hügelland.

Steinbach (900 Ew.) besitzt mit dem **Holzknechtmuseum** (im Heimathaus; Mitte Juni–Mitte Sept. jew. Mi 17.30–19.30 Uhr) und der **Hausmühle** (Vorführungen im Sommer jew. Di 18 Uhr) zwei charmante Zeugnisse aus vergangenen Zeiten.

Weithin berühmt ist aber **Gustav Mahlers Komponierhäuschen,** in dem der Maestro während seiner Sommerferien etliche Hauptwerke zu Papier brachte. Und auch andere Künstler von Weltrang weilten kürzere oder längere Zeit vor Ort, wie der Starpianist Friedrich Gulda, die Sänger Peter Minich und Oskar Cerwenka oder die Schriftsteller Heimito von Doderer und Franz von Schönthan. Grund genug, einen **Künstlerweg mit Schautafeln** einzurichten, den man, ausgestattet mit festem Schuhwerk und einem Audiogerät, das man im Gasthaus-Pension »Nixe« am Ausgangspunkt in Weißenbach ausleiht, in gut 2 Std. absolviert.

Echt gut!

Echt gut!

Shopping

Atelier Maria
Unterfeichten 12][Tel. 07663/603
Originelle Bilder und Keramiken von Maria Gebhart

Weyregg 13

Im Ferienort Weyregg (1500 Ew.) können Naturliebhaber im **Schau-Aquarium** beim Musikpavillon Seedorf auf Tuchfühlung mit der heimischen Unterwasserfauna gehen: mit Barsch, Hecht, Rotauge, Seeforelle & Co. Schautafeln informieren zudem über Fischerei und Fischökologie (Anf. Mai bis Mitte Okt. tgl. 9–22 Uhr, Juni u. Aug. Mo 19.30 Uhr Führungen auf Anfrage; Tel. 07664/2236).

Besuchern mit weitem Horizont eröffnen die Teleskope der **Sternwarte Gahberg** 14 Blicke auf ferne Planeten und Galaxien (im Sommer 3-mal im Monat Führungen; Näheres unter Tel. 07662/8297, www.astronomie.at).

Hotels

■ **Bramosen**
Alexenau 8][Tel. 07664/2291
4852 Weyregg
www.hotel-bramosen.at
Behagliches 4-Sterne-Haus in Grünlage mit Fernblick auf den See, eigener Badestrand, speziell kinder- und radfahrerfreundlich. ●●●

■ **Kaisergasthof**
Weyregger Str. 75][Tel. 07664/2202
www.kaisergasthof.at
3-Sterne-Landgasthof für Nostalgiker in sympathisch-schrulligem k.u.k.-Ambiente, gediegene, gemütliche Zimmer, gute Küche, Open-Air-Strandbar, Meierei, Habsburgermuseum. ●●

Restaurant

Sonne
Weyregger Str. 60][Tel. 07664/2203
www.sonne-online.at
Rustikaler Gasthof zum herzhaften Schmausen: Fisch-, Grill- und Wildspezialitäten. ●–●●

*Schörfling 15

Mit zwei kulturhistorischen Highlights wartet dieser inzwischen fast schon mit der Nachbargemeinde Seewalchen › S. 58 verschmolzene Ort auf: Da ist zum einen im Ortsteil Kammer das über 600 Jahre alte, in der Barockzeit erweiterte ***Schloss Kammer,** in dessen riesigem Rittersaal im Sommer auch regelmäßig Konzerte stattfinden.

Wasserspaß: Attersee-Strandbad in Schörfling

Geburtstagsgeschenk: das neue Gustav-Klimt-Zentrum in Schörfling

Echt gut!

Jüngstes Highlight ist hier das **neue *Gustav-Klimt-Zentrum,** das am 14. Juli 2012 anlässlich des 150. Geburtstages des Jugendstilkünstlers eröffnete. Es stellt das Wirken des Jubilars am Attersee, der hier auf seinen Sommerfrischen zwischen 1900 und 1916 den überwiegenden Teil seiner über 50 bekannten Landschaftsgemälde schuf, in den Fokus. Neben der in Kooperation mit dem Wiener Leopold Museum erfolgten multimedialen Aufbereitung von Klimts Leben und Werk ist auch generell »Wien um 1900« Thema der Dauerschau. Flankierend gibt es ein Café, einen Shop, werden geführte Spaziergänge entlang der Seepromenade sowie ein von zwei Dutzend Klimt-Säulen gesäumter **Themenweg** › S. 59 rund um den See angeboten.

Als Hotspot für alle Arten von Kreativköpfen fungiert die in der Dorschvilla beheimatete **Käthe-Zwach-Galerie.** Sie präsentiert zeitgenössische (ober-)österreichische Malerei, Grafik und Plastik und ist auch regelmäßig Schauplatz inspirierender Kunst- und Modeschauen, Vorträge, Lesungen etc. (Weyreggerstr. 11, Tel. 07662/2261; April–Dez. Di–Fr 16–19, Sa 10–13 Uhr).

Restaurants

■ **Langostinos**
Bahnhofstr. 4][4861 Schörfling
Tel. 07662/29050
www.langostinos.at
Leckeres Getier aus See und Meer, könnerhaft zubereitet, Blick auf den Hafen. Mi, Do geschl. ●●●

■ **Konditorei Ottet**
Marktplatz 6][Tel. 07662/6464
Paradies für süße Leckermäuler, Spezialität: Original Klimt-Pralinen. Café mit kleinem Gastgarten. Mi geschl.

*Seewalchen 16

Die Marktgemeinde Seewalchen (5300 Ew.; 498 m) liegt an der Nordspitze des Attersees und lockt, abgesehen von schönen

Badestränden, mit einer ganzen Reihe prachtvoller Villen, die sich reiche Großbürger aus Linz und Wien in der Gründerzeit als Feriendomizile bauen ließen. Hervorzuheben ist das historisierte, auf einer 6000 m² großen Insel thronende Schlösschen **Litzlberg** (das jedoch in Privatbesitz und so nur aus Distanz zu betrachten ist).

Mit seiner Dachlandschaft aus Kaminen, diversen Dachreitern und einem Turm bildet die – bisweilen im Rahmen von Konzerten öffentlich zugängliche – **Paulick-Villa,** in der um 1900 Gustav Klimt viele Jahre lang seine Sommerfrische verbrachte, einen speziellen Blickfang.

Zu Ehren des weltberühmten Jugendstilmalers, der hier am Attersee zahlreiche, heute extrem hochdotierte Landschaftsgemälde schuf, hat man den **Klimt-Themenweg** angelegt (ca. 2-stündige Führungen auf Klimts Spuren in Kombination mit Attersee-Schifffahrt, jew. Sa im Juli und Aug.; Treffpunkt: Raiffeisenbank Seewalchen; Infos: TVB Schörfling/Seewalchen, Tel. 07662/2578).

Auf Unerschrockene wartet im Ortsteil **Haining,** südwestlich von Seewalchen, ein – in Sommernächten auch bei Flutlicht begehbarer – **Hochseilgarten** samt Tipidorf (Tel. 0699/17660925, www.hochseil.at).

Info

Infobüro Seewalchen/Schörfling
Raiffeisenplatz 1
4863 Seewalchen am Attersee
Tel 07662/2578][www.attersee.at

Hotels

Hotel-Restaurant Häupl

Hauptstr. 20][4863 Seewalchen
Tel. 07662/29860
www.hotel-haeupl.at

4-Sterne-Haus in Panorama-Südlage, Top-Service, großzügig und zeitgemäß ausgestattet, mit renommiertem Gourmetrestaurant. ●●●

Echt gut!

Villa Paulick

Promenade 12
Tel. 07662/2412

Geschichtsträchtige Villa in »Holzgiebelarchitektur«, in der einst Gustav Klimt logierte; absolut ruhige Lage direkt am See, Stilmöblage, parkähnlicher Garten, Bootshaus, Zimmer mit Etagendusche. ●●

Restaurants

Litzlberger Keller

Moos 8][Tel. 07662/2312
www.litzlbergerkeller.at

Restaurant eines alteingesessenen Landhotels, das einst Gustav Klimt auf Leinwand bannte. **Österreichische Küchenklassiker, kredenzt in holzgetäfelter Gemütlichkeit,** Terrasse mit Seeblick. Mi geschl., Sept.–Mai, werktags nur am Abend. ●●

Echt gut!

Wirt z'Neuhausen

Neuhausen 1][Tel. 07662/2725

Erfrischend schnörkellose Qualitätsküche in ländlich-gemütlichem Schick. Ein Erlebnis für alle Sinne: die Eventreihe »Culinarisch Concertant« mit Musik und Kleinkunst. Mo, Di geschl. So in der Nebensaison nur Mittag. ●●

Gebhart

Kraims 13][Tel. 07662/8329

Sympathischer Familienbetrieb mit nettem Garten, Sonnenterrasse, bekannt für köstliche Fisch-, aber auch Fleischgerichte. ●

Nightlife

Liehmann
Atterseestr. 31
www.bar-liehmann.at
Schicke Café-Bar, die abends zum Bar-Disco-Treff mutiert. Themenabende, jeden Do ab 20 Uhr Live-Jazz. Tgl. 11.30 bis 4 Uhr nachts.

Shopping

■ **Trachten Tostmann**
Hauptstr. 1][Tel. 07662/8840
www.tostmann.at
Seit über 60 Jahren eine der österreichweit führenden Adressen für Alltags- und Hochzeitsdirndl, Trachtenanzüge, Loden, Festtrachten und Accessoires für Kinder, Sie und Ihn.

Ausflüge von Seewalchen

Eine schöne Wanderung führt von Seewalchen ins nahe ***Gerlhamer Moor** 17 (ganzjährig zugänglich, ca. 2½ Std., Führungen Tel. 06132/28667). Ganz in seiner Nähe lädt eine historische **Moorschmiede** zur Besichtigung (Tel. 0664/5909182).

Attergauer Kultursommer-Konzert

Ein Highlight für Kunstfreunde in Form eines berühmten gotischen Flügelaltars wartet 5 km nördlich von Seewalchen, in der spätgotischen Pfarrkirche von **Gampern** 18.

Attergau

Nordwestlich des Attersees erstreckt sich, in eine flache, sattgrüne Landschaftsmulde geschmiegt, von der Dürren Ager durchflossen und waldigen Höhenrücken umgrenzt, die Ferienregion Attergau.

In **St. Georgen** 19, dem Hauptort der Region (4100 Ew.; 540 m), als dessen Wahrzeichen die angeblich 1000 Jahre alte »Linde im Gries« gilt, warten gleich drei Museen: zum Thema bäuerliche Kultur das **Aignerhaus;** über Zünfte und Volksfrömmigkeit das **Pfarrmuseum;** und das **Haus der Kultur** macht mit dem großen Sohn des Ortes, dem Barockdichter Johann Beer (1655–1700), bekannt (alle drei: zu besichtigen nach Vereinb., Tel. 0699/10229547; www.attergau-zeitreise.at).

Jedes Jahr von Mitte Juli bis Mitte August erklingt beim **Attergauer Kultursommer** in der Attergauhalle und in der Pfarrkirche Musik von Klassik bis Jazz, ergänzt durch prominente Lesungen (Tel. 07667/6386, www.attergauer-kultursommer.at).

Um Gästen Natur und Kultur des Attergaus zu vermitteln, wurde um St Georgen. eine Reihe von Themenwegen installiert: Der **Kelten.Baum.Weg** zum Beispiel auf dem 860 m hohen **Koglberg,** oberhalb von St. Georgen, erinnert an jene prähistorischen Siedler, deren Relikte man dort fand (www.keltenbaumweg.at).

Der Lehrpfad **Gläsernes Tal** führt vom Glasmuseum in **Weißenkirchen** **20** zum Schaudorf Freudenthal und macht auf seinem 2,5 km langen Verlauf mit Aspekten dieses faszinierenden Materials und der Geschichte der hiesigen Glashütte bekannt (www.dasglaesernetal.at).

Weitblick beweist schließlich, wer den **Lichtenberg** **21** (885 m) erwandert und dort den **Attergauer Aussichtsturm** erklimmt. Der Lohn für 208 Stufen bzw. 36 Höhenmeter ist eine famose Aussicht über den Attersee und die Voralpen bis zum Dachstein-Massiv.

Echt gut!

Den Attergau zu Füßen: vom Aussichtsturm auf dem Lichtenberg

Info

Ferienregion Attergau
Attergaustr. 31
4880 St. Georgen im Attergau
Tel. 07667/6386
www.attergau.at

Hotels

Winzer
Kogl 66][St. Georgen
Tel. 07667/6387
www.hotel-winzer.at
Echt gut! Idealadresse für den luxuriösen Kuschelurlaub, erstklassige Gastronomie, famoser 2500 m²-Wellnessbereich auf zwei Etagen. ●●●

Lohninger-Schober
Hipping 18][St. Georgen
Tel. 07667/8343
www.lohninger-schober.at
Ansprechendes 3-Sterne-Haus mit großem Wellnessbereich, beheiztem Freibad, Kegelbahn, Nachtbar u.v.m. ●●

Restaurants

Gassner
Attergaustr. 30–32][St. Georgen
Tel. 07667/8757-0
www.gassner.cc
Zu Recht beliebter Kulinariktreff – Restaurant/Café-Konditorei – im Ortskern; Spezialität: hausgemachte Torten. ●●

Spitzerwirt
Kogl 17][St. Georgen
Tel. 07667/6590
www.spitzerwirt.at
Wirtshaus am Keltenbaumweg, deftige Jausen- und Hausmannskost. Mo geschl. ●

Eitzinger
Weißenkirchen 4][Tel. 07684/8277
Gemütliches Gasthaus am Beginn des »Gläsernen Tales«. Spezialitäten: Presskopf und Bratl. Mi geschl. ●

2 **Gmunden 22

Herkunftsort der berühmten grün-weißen Gmundner Keramik, Schauplatz der Fernsehserie Schlosshotel Ort und prestigeträchtiges Sommerfrischedomizil zu Zeiten der k.u.k.-Monarchie … Wer Gmunden erwähnt, weckt bei Zuhörern zahlreiche Assoziationen. Ihre Existenz und den über Jahrhunderte andauernden Wohlstand verdankt diese malerisch an das hügelige Ufer am Nordende des **Traunsees** geschmiegte Kleinstadt (13 000 Ew.; 425 m) jedoch weder dem Tourismus noch der bekannten Keramik, sondern dem Salzhandel. Denn wer das »Weiße Gold« von Hallstatt, später auch von den Salinen Ischl und Ebensee auf der Traun ins Alpenvorland und zur Donau transportieren wollte, musste seit alters her diesen Ort mit herausragender verkehrsgeografischer Bedeutung am Seeausfluss passieren – eine strategisch ideale Position für alle Zwischenhändler und Zöllner.

Traunseegeschichte: die landeskundliche Sammlung im K-Hof

Altstadt

1335, kurz nachdem die Habsburger Herren über die Stadt geworden waren, errichteten sie als Sitz ihrer Verwaltungs- und Steuerbehörde den **Kammerhof.** In dem gotischen, prachtvoll ausgestatteten Gebäudekomplex wachte einst der Salzamtmann über Waren- und Geldströme. Kaiser Maximilian I. schloss hier 1493 seinen Heiratsvertrag mit der Mailänderin Bianca Maria Sforza. Von 1850 bis 1869 war unter seinem Flachdach die k.k.-Salinen- und Forstdirektion für Oberösterreich untergebracht.

Seit 1971 dient der ***K-Hof,** wie er nunmehr heißt, als Standesamt und **Museumszentrum. Die zentrale landeskundliche Sammlung** bietet hier auf 2000 m² einen chronologischen Querschnitt durch die Historie der Stadt und des Traunseegebiets von den erdgeschichtlichen Anfängen bis in die Gegenwart. Den inhaltlichen »roten Faden« bildet dabei die Kulturgeschichte der hiesigen Keramikerzeugung.

Echt gut!

Als thematisch verwandt erweist sich das angeschlossene **Sanitärmuseum »Klo&So«,** das neben der Produktion von Sanitärkeramik auch den Wandel bei den Hygienestandards und die Geschichte des »stillen Örtchens« vom Nachttopf und Leibstuhl bis zum modernen WC beleuchtet (beide Museen: Kammerhofgasse 8; Juni–Aug. Di–Sa, sonst Mi bis Sa 10–17, jeden 1. Mi im Monat bis 21 Uhr; Tel. 07612/794-420, www.k-hof.at).

Echt gut!

Karte Seite 44

Das repräsentative Gmundener Rathaus

Wenige Gehminuten in nördlicher Richtung ist die **Pfarrkirche** Zur Heiligen Jungfrau Maria eine Pflichtstation für Kunstliebhaber: Der eigentlich gotische, später jedoch barockisierte Bau besitzt einen äußerst kostbaren Hochaltar. Thomas Schwanthaler hat mit ihm 1678 schnitzend die Anbetung Jesu durch die Hl. Drei Könige dargestellt.

Rund um den **Marktplatz** verströmt Gmunden, das übrigens 1862, um der Konkurrentin Bad Ischl Paroli zu bieten, den Status einer Kurstadt verliehen bekam, noch heute eine biedermeierliche Behaglichkeit. Zugleich strahlt sie aber eine für Städte nördlich der Alpen ungewöhnliche Italianità aus. Sie macht verständlich, weshalb sich im 19. Jahrhundert so viele Mitglieder des europäischen Hochadels in Gmundens Umgebung ihre prachtvollen Sommersitze errichteten.

An der linken Seite des Stadtplatzes, der sich zum Wasser hin öffnet und einen herrlichen Fernblick über den See auf die beiden Gmundener Hausberge, den Grünberg (1004 m) und den Traunstein (1691 m), bietet, steht das ***Rathaus.** Es stammt im Kern aus der Renaissance und zeugt mit seiner später vorgesetzten, zartgrünen Barockfassade, den zierlichen Lauben, Ecktürmen und der feinen Stuckdekoration vom gewachsenen Reichtum und hohen Stilempfinden. Das **Keramikglockenspiel** unterhalb der Uhr, einmalig in Österreich, wurde 1957 in der Porzellanmanufaktur von Meissen hergestellt.

Porzellan im Kopf haben auch die Puppen des **Puppen- und Spielzeugmuseums** im Palais Austria; hinzu kommt allerlei weiteres historisches Spielzeug (Sparkassegasse 1; ganzj. nach Voranm.; Tel. 0699/11520983).

Ab Franz-Joseph-Platz, am westlichen Eingang zur Altstadt, verkehrt die 1894 eröffnete **Straßenbahn Gmunden** bis zum Bahnhof. Sie gilt mit 2,3 km Streckenlänge als kleinste, und mit einer Steigung von bis zu 10% als steilste Straßenbahn Europas. 1989 stand sie kurz vor dem Aus, heute ist die Tram beliebt bei Gmundnern und Gästen. Wochenends im Juli und Aug. und zu Sonderterminen gibt es auch Nostalgiefahrten mit Triebwagen von 1898 und 1911 (Tel. 07612/795200, www.stern-verkehr.at).

Schloss Weyer und *Gmundner Manufaktur

Außerhalb der Altstadt, ein paar Hundert Meter östlich der Traun, wird in dem schmucken **Renaissanceschloss Weyer** eine umfangreiche, sehenswerte Sammlung von alter Meissner Porzellankunst präsentiert (Tel. 07612/65018; Juni–Sept. Di–Fr außer Fei 10–12 und 14–17.30, Sa 10–13 Uhr).

Erste Adresse beim Thema Keramik ist natürlich die für ihr grüngeflammtes Dekor auf weißem Grund berühmte große **Gmundner Manufaktur.** In der Keramikfabrik nordwestlich der Altstadt werden interessante Werksführungen, aber auch so manche Schnäppchen im Direktverkauf offeriert (Keramikstr. 24; 50-min. Führungen nach Anm. Mo–Do 9–15, Fr 9–11 Uhr; Verkauf: Mo–Fr 8–19, Sa bis 17, So 10–16 Uhr; Tel. 07612/786-74, www.gmundner.at).

Das prächtige Seeschloss Ort …

**Schloss Ort und *Villa Toscana

Unverzichtbar, vor allem für Fans alpenländischer TV-Seifenopern, ist die Besichtigung von **Schloss Ort.** Es thront im Westen der Stadt auf einer Insel im See, die mit dem – nicht zugänglichen – Landschloss durch eine 123 m lange Brücke verbunden ist. In seinen ältesten Teilen geht der Komplex auf die Zeit vor 1100 zurück, andere wurden auf Geheiß Kaiser Friedrich III. Mitte des 15. Jhs. errichtet. Im Wesentlichen verdankt er sein heutiges Aussehen dem Wiederaufbau nach einem Großbrand in den 1630er-Jahren. Im 19. Jh. stand das Schloss im Besitz von Erzherzog Johann Salvator, einem Neffen des Kaisers und Enfant terri-

… auch bekannt aus der 1996 bis 2005 ausgestrahlten TV-Soap

ble der Habsburgerfamilie, der sich infolge seiner nicht standesgemäßen Hochzeit mit einer Schauspielerin Johann Ort nannte und später bei einer Weltumseglung spurlos verschwand.

Heute dient der in TV-Serien bewährte Bau, vor allem sein dreieckiger, mit wunderschönen Laubengängen und einer spätgotischen Außentreppe versehene Innenhof, häufig als Kulisse für Hochzeiten, Feste, Firmenevents und beherbergt mit den **Orther Stub'n** zudem ein erstklassiges Restaurant › S. 66.

Ein prächtiger Bau aus jener Zeit, als viele Mitglieder des europäischen Hochadels am Traunsee ihre Sommerfrischen zubrachten, ist die **Villa Toscana** auf der Halbinsel vor Ort. Sie wurde ursprünglich von den exilierten Großherzögen von Toskana im Neorenaissancestil erbaut und 1913 von einer Schwester des Philosophen Ludwig Wittgenstein in ein Jugendstil-Gesamtkunstwerk verwandelt. Heute gehört sie, umgeben von einem großen Park, mit einem Neubau zum Gmundener Kultur- und Kongresszentrum.

Info

Ferienregion Traunsee
Toscanapark 1][4810 Gmunden
Tel. 07612/74451
www.traunsee.at

Hotels

■ **Keramikhotel Goldener Brunnen**
Traungasse 10][Tel. 07612/64431-0
www.goldenerbrunnen.at

Im Innenhof der Orther Stub'n

Zeitgemäßer Schick und Komfort in Gasthofmauern aus dem 16. Jh., Altstadtlage mit eigenen Parkplätzen, sehr herzliche Betreuung. ●●●

■ **Esplanade**

Kursaalgasse 5][Tel. 07612/71925
www.esplanade.at

Echt gut!

Gepflegtes Wohnen im Stadtkern, am Wasser, stilvolle, helle Panoramazimmer. ●●–●●●

■ **Hois'n Wirt**

Traunsteinstr. 277
Tel. 07612/77333
www.hoisnwirt.at

Komfortables 3-Sterne-Haus direkt am sonnigen Ostufer, geräumige Zimmer, Traumpanorama. Zugehörig: ausgezeichnetes Spezialitätenrestaurant. ●●–●●●

■ **Altmühl**

Ohlsdorfer Str. 50
Tel. 07612/64262

Gutbürgerlicher, gemütlicher Gasthof, in dem man gut und günstig essen und nächtigen kann. Etwas außerhalb, unweit der Traun, halbstündiger Citybus-Shuttle. ●

Restaurants

■ **Orther Stub'n**

Seehotel Ort][Ort 1
Tel. 07612/62488
www.schlossorth.com

Echt gut!

Ein Fest für Feinschmecker in TV-bekanntem, herrschaftlichem Ambiente, im Sommer auch im Innenhof oder auf der Seeterrasse. Mai bis Sept. tgl. außer So abends, Okt.–April Di–Sa, So nur bis 16 Uhr. ●●●

■ **Schloss Freisitz Roith**

Traunsteinstr. 87][Tel. 07612/64905
www.freisitzroith.at

Haubengekrönter Gourmettempel mit Hang zur spanischen Küche, Traumlage am See, kein Ruhetag. ●●●

■ **Engelhof**

Engelhofstr. 1][Tel. 07612/64892
www.engelhof.at

Familiär geführter Gasthof am Stadtrand, an der Romantikstraße Richtung Almtal; gemütliche Stuben inkl. Kaminzimmer für Raucher und exklusive Bar, österr. Spezialitäten- und Hausmannskost, schattiger Gastgarten. ●●

■ **Grünberg**

Traunsteinstr. 109
Tel. 07612/77700
www.gruenberg.at

Fangfrischer Seefisch, Lamm, Wild, Vegetarisches, vor allem aber selbst fabrizierte Knödelvarianten und Mehlspeisen, kein Ruhetag. Auch exzellenter Hotelbetrieb. ●●

■ **Grellinger**
Franz-Josef-Platz 6
Tel. 07612/64153
Traditionsreiche Café-Konditorei nach Wiener Vorbild, ein Eldorado für Süßzähne. Juli, Aug. tgl., sonst Mi geschl.

Nightlife

Rathauscafé Brandl
Rathausplatz 1
Tel. 07612/64185
Tagsüber bürgerliches Kaffeehaus, spätabends Disco für jüngere Semester. Tgl. 7–22, Fr, Sa, bis 3 Uhr.

Shopping

■ **Keramikwerkstätte**
Kösslmühlgasse 1
Hochwertige Töpferkunst, Porzellan, Keramik, auch Schauwerkstätte, neben dem Trauntor.

■ **Reingruber**
Schiffslände 1][www.reingruber.at
Stilvolle Trachten und Landhausmode von Markenerzeugern.

Ausflüge von Gmunden

Museen-Potpourri

Im **Tierweltmuseum** im Gmundener Vorort **Pinsdorf** 23 können – besonders aufregend für Kinder! – über 2000 Exponate, vom Tiger bis zum Kolibri, in naturgetreu nachgebildeten Biotopen hautnah erlebt werden (ganzjährig Mo–Fr 8–12 und 14–17 Uhr, Sa, So nach Anm; Tel. 07612/64454, www.tierweltmuseum.at).

In **Rutzenmoos** 24, 8 km weiter nordwestlich an der B 145 Richtung Vöcklabruck, lädt das **Evangelische Museum** zu einer spannenden Zeitreise durch die wechselvolle Geschichte des Protestantismus in Oberösterreich (Mitte März–Ende Okt. Do–So 10–12 und 14–18 Uhr; www.evang.at/museum-ooe).

In **Ohlsdorf** 25, 6 km nördlich von Gmunden, steht jener **Vierkant-Hof, in dem Thomas Bernhard** seit 1965 über 15 Jahre hinweg lebte und viele seiner Romane schrieb, quasi unverändert erhalten Besuchern offen (Obernathal; Ostern–Ende Okt. Sa, So, Fei 14–18 Uhr, sonst nach Vereinb.; Tel. 07612/47013, www.thomasbernhard.at).

Echt gut!

Nostalgie-Verkehrsmittel

Eine Attraktion ersten Ranges stellt der ***Schaufelraddampfer »Gisela«** dar. Als eines der heute weltweit ältesten Exemplare seiner Art durchpflügte er bereits 1872 den Traunsee. Kaiser Franz Joseph höchstderoselbst geruhte sich von ihr am Beginn seiner Sommerfrische Richtung Bad Ischl befördern zu lassen. Um 1980 entging der Schiffsoldtimer nur um Haaresbreite der Verschrottung, wurde daraufhin – einmalig in Österreich – unter Denkmalschutz gestellt und originalgetreu restauriert und schnauft seitdem im Juli und Aug. jeden Sonntag unverdrossen zwischen Gmunden und Ebensee hin und her (Informationen, auch über den Linien- und Charterverkehr der moderneren Schiffe: www.traunseeschifffahrt.at).

Der Schaufelraddampfer »Gisela« befährt seit 1872 den Traunsee

Auf den Spuren der zweitältesten öffentlichen Bahnlinie auf europäischem Festland wandelt man auf dem **Pferdeeisenbahn-Themenweg** vom Rathaus hinaus zu dem am östlichen Stadtrand gelegenen **Bahnhof Engelhof** (ca. 1 Std. Gehzeit). Von dort beförderte schon in den 1830er-Jahren eine PS-betriebene Bahn Salz aus dem Salzkammergut über Linz bis ins böhmische Budweis.

Wer einmal selbst **Lokführer eines Schmalspur-Triebwagens** von 1921 sein will, kann sich, mit Unterweisung, den Traum auf der Traunseebahn Gmunden – Vorchdorf erfüllen (Tel. 07614/6207, www.stern-verkehr.at).

Und für Individual-Landpartien vermietet ClassicTours **Oldtimer-Cabrios** (Tel. 0664/864645, www.classictoursaustria.at).

*Altmünster 26

Die 4 km südwestlich von Gmunden gelegene Marktgemeinde (9500 Ew.) besitzt alle Zutaten, die einen beliebten Ferienort ausmachen: lange Badeufer, ein wanderbares Hinterland, ein umfassendes Hotel- und Freizeitangebot sowie eine renommierte Kneippkuranstalt. Altmünster ist die älteste Ansiedlung am Traunsee, auf ihrem Boden lebten schon die Römer, und unterhielten später die Karolinger ein Kloster. Besuchenswert ist die dem hl. Benedikt geweihte spätgotische **Pfarrkirche** mit ihrem Prunkstück, dem 1518 aus Sandstein geschaffenen Allerheiligenaltar.

In Altmünster empfehlen sich auch zwei Museen: Das **Eggerhaus** ist ein historisches Gehöft, in dem man die Bau- und Wohnkultur des 18. und 19. Jhs. dokumentiert findet (Am Wiesenhof 69; Mai–Sept. Sa, So 14–17 Uhr; www.eggerhaus.at).

Und das **Oldtimermuseums »Rund ums Rad«** nennt vom Hoch- und Ein- bis zum PS-starken Motorrad spannende historische Exponate zu 200 Jahren zweirädriger Mobilität sein Eigen (Maria-Theresia-Str. 3a; Juli, Aug. tgl. 10–12 und 13–17 Uhr, Mai, Juni, Okt. nur Sa, So, Fei nachm.; www.radmuseum.at).

Hotel

Alpenhotel Altmünster
Hauptstr. 28][4813 Altmünster
Tel. 07612/87377
www.alpenhotel-traunsee.at
Modernes Komforthotel mit familiärer Atmosphäre, Panoramazimmer, 1 Gehminute vom See, empfehlenswertes Restaurant. ●●

Restaurants

■ **Hocheck**
Kalvarienbergweg 4
Tel. 07612/87461][www.hocheck.at
Stimmiger Landgasthof am oberen Ortsrand, feine Hausmannskost Marke Knödel, Tafelspitz und Kaiserschmarren; Terrasse mit Traumblick auf See und Bergwelt. ●●

■ **Reiberstorfer**
Maximilianstr. 2][Tel. 07612/87338
www.reiberstorfer.at
Feine regionale Küche in historischen Stuben mit Kachelofen und berühmten Wandmalereien, angenehmer Gastgarten mit Brunnen. Zugehörig: gepflegtes Landhotel mit eigenem Badestrand. ●●

Im alten Gehöft Eggerhaus

*Traunkirchen 27

Auch in diesem Traunsee-Uferort (1640 Ew.), der direkt vis-à-vis dem Traunstein äußerst malerisch auf einer Felseninsel liegt, steht ein Sakralbau im Mittelpunkt des Interesses und Blickfelds. Die ***Pfarrkirche** Zu Ehren der Krönung Mariens, auf deren Boden angeblich schon im 7. Jh. eine Abtei und ab 1020 ein Nonnenkloster stand, birgt die berühmte Fischerkanzel. Ihr unbekannter Schöpfer schnitzte 1753 die Szene des Fischfangwunders, in der die Apostel Jakob und Johannes ein reich gefülltes Netz in ihr Boot hieven. Auch der Felsen im See, auf der die **Johanniskapelle** steht, ist, wovon römische Funde zeugen, uralter Kulturboden.

Empfehlenswert sind auch hier eine **Schifffahrt** über den See (www.traunseeschifffahrt.at), der Aufstieg auf den **Kalvarienberg,** eventuell auch eine Wanderung auf den **Sonnstein** (923 m; Schutzhütte Mai–Okt. geöffnet),

Die Spitzvilla: Restaurant, Café und Bar in herrlicher Park-Uferlage

vor allem aber auch der Spaziergang über die »Via Historica« zum liebevoll gestalteten **Handarbeitsmuseum** (Mai–Okt. Mi, Sa, So, Juli, Aug. tgl. 14–16.30 Uhr; Tel. 0664/5401364).

Hotel

Traunsee
Klosterplatz 4
4801 Traunkirchen][Tel. 07617/2216
www.traunseehotels.at/traunsee
4-Sterne-Komfort mit allem Drum und Dran in Uferlage direkt neben dem Klosterkomplex. ●●●

Restaurant

Spitzvilla
Uferstr. 18][Tel. 07617/3478
www.spitzvilla.at
www.seecafe-spitzvilla.at
Echt gut! **Traumhaft gelegenes, qualitätvolles Café-Restaurant in einer Villa,** die einst Rudolf von Slatin alias Slatin Pascha, dem k.u.k.-Offizier und britischen Gouverneur des Sudan, gehörte. Mai–Sept. Di–So ab 14, in der Nebensaison Mi–So ab 18 Uhr. ●●–●●●

*Ebensee 28

Wo die Traun in den Traunsee mündet, liegt auf einer von Sedimenten aufgeschütteten Ebene die Marktgemeinde Ebensee (7900 Ew.). Sie ist eine seit Generationen beliebte Sommerfrische und Ausgangspunkt für Bergtouren ins Tote und ins Höllengebirge. Zugleich ist Ebensee ein zentraler Produktionsort für Salz. Seit Anfang des 17. Jhs. leitete der »Sulzstrehn«, die ursprünglich aus rund 10 000 Holzstämmen erbaute »älteste Pipeline der Welt«, die Sole aus Hallstatt hierher, wo sie in Sudwerken zu Salz verarbeitet wurde. Diese Industriegeschichte ist in Kombination mit dem reichen Brauchtum – der Ort ist u.a. für sein Krippenwesen und den **in der Nacht zum 6. Januar stattfindenden Glöcklerlauf** bekannt – im ***Museum Ebensee** dokumentiert (Ende Mai–Ende Sept. Di, Do, Sa 14–18 Uhr; www.museumebensee.at). Echt gut!

Begegnungen mit den düstersten Kapiteln der Vergangenheit sowohl Österreichs als auch des Salzkammerguts zwischen 1918 und 1955 vermittelt **das Zeitgeschichte-Museum** (Jan.–Okt. Di bis So 10–17 Uhr, Nov., Dez. auch Sa, So geschl.). Dazu gehört auch der Besuch der in der ehemaligen Salinendirektion untergebrachten Dauerausstellung »**Heimat, Himmel, Hölle**«, die das Schicksal von Migranten und Flüchtlingen im Laufe der Zeiten thematisiert, aber auch der **KZ-Gedenkstätte,** jener Stollenanlage, die von den Nazis im Sommer 1943 als künftige Produktionsstätte für V2-Raketen eröffnet und für 8800 Häftlinge zur Todesfalle wurde (Mitte Juni–Mitte Sept. Di–So, Anf. Mai–Mitte Juni und 2. Sept.-Hälfte nur Sa, So 10–17 Uhr; www.memorial-ebensee.at).

Echt gut!

Info

Tourismusbüro Ebensee
Hauptstr. 34][4802 Ebensee
Tel. 06133/8016
www.traunsee.at/ebensee

Ausflüge von Ebensee

Versöhnlich stimmt die herrliche Natur: Die genießt man in vollen Zügen zum Beispiel auf einem Ausflug zu den beiden ***Langbathseen** 29 (11 km westlich) oder zum ***Offensee** 30 (10 km südöstlich). Beide stehen unter Naturschutz und erfreuen sich als glasklare und relativ warme Badegewässer vor allem bei Familien großer Beliebtheit.

Ideal für atemberaubende Panoramablicke und schöne Mittelgebirgswanderungen ist der **Feuerkogel** 31 (1594 m), auf den von Ebensee aus eine (fast) ganzjährig

Echt gut!

Die schönsten Aussichtspunkte

Echt gut!

- Einen Panoramablick über den **Attergau** und bis zum Dachstein hat man vom Aussichtsturm auf dem **Lichtenberg** › S. 61
- Die Seilbahnfahrt auf den **Feuerkogel** bei Ebensee offenbart Traumperspektiven auf den Traunsee und sein Umland. › S. 71
- Der Blick vom **Zwölferhorn** auf den Wolfgangsee stellt selbst die kitschigsten Bilderbuchklischees vom idyllischen Salzkammergut in den Schatten. › S. 88
- Am Gipfel des **Schafberges,** den man per Dampfzahnradbahn erklimmen kann, liegt einem das Seenland in seiner Pracht zu Füßen. › S. 94
- Wo sich schon der Kaiser die Füße vertrat: auf der **Katrin,** dem Hausberg von Bad Ischl. › S. 108
- Von der **Zwieselalm,** die man mit der Gosaukammbahn mühelos erreicht, schweift der Blick von den beiden Gosauseen über den Donnerkogel bis zum Dachstein. › S. 116
- Die **5fingers** auf dem Dachstein-Krippenstein-Plateau sind die vielleicht spektakulärste Aussichtsplattform in den ganzen Alpen. › S. 122
- Von der Terrasse der **Loserhütte** liegt das Ausseerland wie auf dem Servierbrett zu Füßen. › S. 133

betriebene Seilschwebebahn führt (www.feuerkogel.net).

Alternative – auch bei Regenwetter: eine Führung durch die **Gassel-Tropfsteinhöhle** 32, der man sich am schönsten von Rindbach aus über eine ca. 2½-stündige Wanderung annähert (Anf. Mai bis Mitte Sept. Sa, So, Fei 9–16 Uhr; www.gasselhoehle.at).

Gut 10 km südwestlich, kurz vor Bad Ischl, bei **Mitterweißenbach** 33, zweigt von der B 145 nach rechts eine Straße ab: die B 153. Sie führt, imposant eingezwängt von den Ausläufern des Großen Höllkogels (1862 m) und des Leonsbergs (1745 m), durch das so gut wie menschenleere ***Weißenbachtal** nach **Weißenbach** › S. 56 am Attersee. Diese Route gehört sicher zu den landschaftlich ansprechendsten des ganzen Salzkammerguts.

3 *Almtal

Im äußersten Nordosten des Salzkammerguts liegt, gleichsam an der Schnittstelle zur sogenannten Eisenwurzen, das Almtal. Es präsentiert sich vor allem in seinem oberen Abschnitt als perfektes Naturidyll, wie geschaffen für Wanderer und ruhebedürftige Erholungssuchende.

Das »Tor zum oberen Almtal« bildet die über 800 Jahre alte Marktgemeinde **Scharnstein** 34 (4700 Einw.; 488 m), 15 km östlich von Gmunden gelegen. Über lange Zeit im Besitz der Benediktinermönche des nahen Stift Kremsmünster, hatte Scharnstein vor allem als Produktionsort von Sensen wirtschaftliche Bedeutung. An diese frühe Industrie erinnert das **Sensenmuseum Geyerhammer** (Mai–Okt. Sa, So, Fei 10–12 und 14–16 Uhr, regelmäßig Schauvorführungen; www.sensenmuseum.at).

Gleich zwei Museen beherbergt das an die 500 Jahre alte **Schloss Scharnstein:** das Kriminal- und Gendarmeriemuseum sowie eine Sammlung zur Österreichischen Zeitgeschichte des 20. Jhs. (Anf. Mai–Mitte Okt. tgl. außer Mo und Fr 10–16.30 Uhr; www.kriminal museum.at) und dazu ein »Haus der Gifte«, sprich: einen Reptilienzoo (Mai–Okt. Sa–Do 9–17, Nov.–März So, Fei 13–16 Uhr).

***Grünau** 35, der einzige größere Ort am gebirgigen Oberlauf der Alm, punktet mit unverfälschter Natur. Im hiesigen, 60 ha großen ***Cumberland Wildpark** 36 kann man auf kilometerlangen Wegen wandernd in aller Ruhe rund 70 v.a. heimische Tierarten beobachten (April–Okt. 9–17, Nov.–März 10–16 Uhr; www.wildparkgruenau.at).

Weltberühmt ist die **Konrad-Lorenz-Forschungsstelle** 37, wo der Nobelpreisträger über Jahrzehnte das Verhalten von Graugänsen erkundete und man sein wissenschaftliches Erbe bis heute pflegt (Führungen Di um 15 Uhr; Tel. 07616/8510, www.klf.ac.at).

In die umgebende Bergwelt gelangt man über die aussichtsreichen 12 Serpentinen der Mautstraße **Farrenau.** Ihr Endpunkt, das **Hochberghaus** 38, ist ein gu-

Der krönende Abschluss des Almtals: das Naturidyll Almsee

ter Ausgangspunkt in das schöne Wander- bzw. Skigebiet **Kasberg** (www.kasberg.at).

Und im Almtal-Schluss liegt der idyllische, von Erlenbruchwäldern gesäumte ***Almsee** 39, Echt gut! in dessen kristallklarem Wasser sich die Gipfel des Toten Gebirges spiegeln. Das unter Naturschutz stehende Gewässer kann man in schöner Uferwanderung umrunden.

Infos

■ **TVB Scharnstein**
Hauptstr. 13][4644 Scharnstein
Tel. 07615/2340
www.scharnstein.or.at

■ **TVB Grünau im Almtal**
Im Dorf 17][4645 Grünau im Almtal
Tel. 07616/8268
www.gruenau-almtal.at

Hotel

Almtalhof
Grünau][Tel. 07616/6004
www.almtalhof.at
Romantikhotel im Edelrustikal-Look mit 4-Sterne-Komfort und -Service, Haubenrestaurant. ●●●

Restaurants

■ **Seehaus**
Almsee 6][Tel. 07616/8366
Vorzügliche Regionalküche im ehemaligen Seehaus des Benediktinerstifts Kremsmünster. Ende März–Anf. Nov., Mo geschl. ●●

■ **Hochberghaus**
Kasberg 1][Tel. 07616/8477
www.hochberghaus.at
Rustikale Hausmannskost, aber auch Fisch, Salate etc. im Berggasthof auf 1200 m, großes Aktivprogramm, nette Zimmer. ●–●●

Fuschl- und Wolfgangsee

Nicht verpassen!

- Per Schiff den malerischen Ufern und geschichtsträchtigen Anrainerorten des Wolfgangsees die Parade abnehmen
- Zu Fuß den idyllischen Fuschlsee umrunden
- Auf einer Sommerrodelbahn in Strobl oder Fuschl zu Tal sausen
- Michael Pachers Altar, ein Wunderwerk spätgotischer Schnitzkunst, bestaunen
- Von St. Wolfgang aus mit der Zahnradbahn auf den Schafberg dampfen

Karte Seite 76

Zur Orientierung

»Im Salzkammergut, da kann man gut lustig sein.« Dass der alte Operettenkalauer aus Ralph Benatzkys »Weissem Rössl« nach wie vor seine Gültigkeit hat, wird einem endgültig klar, wenn man auf der B 158 von der Stadt Salzburg kommend ostwärts fährt. Schon das Panorama auf den von dichten Wäldern umrahmten Fuschlsee mit dem strahlend weißen Jagdschloss im Vordergrund ist eine unvergleichliche Augenweide. Als fast schon kitschig-schön erweist sich dann der Blick auf St. Gilgen: Da erstreckt sich vor einem, von einem Kranz markanter Berggipfel umstellt, 11 km lang und von einer Landzunge in zwei Hälften geteilt, der Wolfgangsee. An Sommertagen schweben Paragleiter und Seilbahngondeln vom Zwölferhorn. Und zu ihren Füßen pflügt zwischen den Schwärmen weißer Segel die »Franz Joseph«, ein rüstiger Raddampfer aus Kaisers Zeiten, durch den grün-blauen See.

Fuschl- und Wolfgangsee heißen die Perlen im touristischen Angebot des südwestlichen Salzkammerguts. Ihre Uferorte wie Fuschl, St. Gilgen oder Strobl bieten eine perfekte Infrastruktur für gelungene Bade- und Wanderurlaube. Die mit Abstand stärkste Anziehungskraft besitzt aber sicher St. Wolfgang, mit dem gotischen Pacher-Altar in seiner Pfarrkirche und dem nicht nur Operettenfans bekannten Weissen Rössl.

Seeblick auf St. Wolfgang am Fuße des Zwölferhorns

Mannigfaltig sind die Ausflugsmöglichkeiten in der Region – sei es der Schafberg, dessen aussichtsreichen Gipfel man an Bord einer dampfbetriebenen Zahnradbahn erklimmt, das durch eine Gondelbahn erschlossene Zwölferhorn oder die Postalm, mit 46 km^2 Österreichs größtes Almgebiet, erreichbar über eine Panoramastraße. Aber auch abseits der Hauptrouten finden sich sommers wie winters idyllische Ortschaften für Aktivsportler und Erholungssuchende.

Touren in der Region

Fuschlsee-Rundweg

6 Fuschl › Wesenau › Schloss Fuschl › Hundsmarkt › Seewinkl › Fuschl

Länge: ca. 3 Std., 12 km
Praktische Hinweise: Wer nur eine Uferseite begehen will, kann per Linienbus vom Hotel Jagdhof (Haltestelle an der B 158 bei Schloss Fuschl) und im Sommer auch mit der Zille (Holzkahn-Anleger bei der Schlossfischerei,

Tel. 06226/8264) zurückfahren. Einkehr unterwegs: Holzknechtstube, Schlosshotel Fuschl, Schlossfischerei, Jausenstation Berger.

Echt gut!

Die wunderschöne Wanderung rund um den Fuschlsee führt größtenteils in unmittelbarer Nähe zum Wasser und über weite Strecken durch schattigen Wald. Vom Ortszentrum von ***Fuschl** › S. 85 geht man zunächst zum See, folgt dann kurz rechts der B 158 und zweigt rechts in die Wesenau ab, vorbei an der Holzknechtstube. Am Waldrand beginnt dann der Wanderweg, der sich am Südufer bis zur Zufahrtsstraße zu ***Schloss Fuschl** › S. 84 entlangschlängelt. Man passiert den Golfplatz und erreicht auf Schotterweg durch das Moor den Abfluss der Fuschler Ache.

Danach führt eine Asphaltstraße rechts in die Ortschaft Hundsmarkt, wo die historische ***Hundsmarktmühle** › S. 79 über den Weg »Vom Korn zum Brot« informiert. Bei der Jausenstation Berger (tgl. 11–23 Uhr, Do Ruhetag außer Juli und Aug.; ●●) beginnt der Norduferweg, der hinter einer Anhöhe zum See an den Uferhängen entlang zum **Seewinkl** führt. Über die Seestraße kommt man dann nach **Fuschl.**

Karte Seite 76

Weg der Wallfahrer und Wolfgangsee-Schifffahrt

7 St. Gilgen › Fürberg › Falkenstein › Ried › St. Wolfgang Schafbergbahn › St. Wolfgang Markt › Gschwendt › Strobl › St. Gilgen

Länge: Wanderung ca. 2½ Stunden, 8 km; Schifffahrt mit Landgängen ½–1 Tag, von St. Gilgen nach Strobl 75 Min. Fahrzeit

Praktische Hinweise: Der »Weg der Wallfahrer« ist prinzipiell ganzjährig zu begehen und kindertauglich – mit Einschränkung beim Steilan- und -abstieg über den Falkenstein, der auch bei Schneelage unpassierbar ist. Für die Abstecher zum sagenumwobenen Hochzeits- bzw. Ochsenkreuz benötigt man jeweils nur wenige Minuten. In St. Wolfgang, Ried, Fürberg und St. Gilgen kann man sich in gepflegten Gaststätten stärken. An Bord der insgesamt sechs Linienschiffe kann man alle Orte rund um den Wolfgangsee ansteuern und dabei beliebig aus- und wieder zusteigen. Die Mitnahme von Fahrrädern ist begrenzt möglich. Betrieb je nach Witterung von ca. Ostern bis Ende Okt. tgl. vom mittleren Morgen bis zum frühen Abend. Infos, auch zur Schafberg-Bahn (Kombi-Tickets erhältlich): Tel. 0662/44801500, www.wolfgangseeschifffahrt.at.

6

Fuschlsee-Rundweg

Fuschl › Wesenau › Schloss Fuschl › Hundsmarkt › Seewinkl › Fuschl

7

Weg der Wallfahrer und Wolfgangsee-Schifffahrt

St. Gilgen › Fürberg › Falkenstein › Ried › St. Wolfgang Schafbergbahn › St. Wolfgang Markt › Gschwendt › Strobl › St. Gilgen

Das Ochsenkreuz im See wird am Weg der Wallfahrer passiert

Die Tour bildet eine reizvolle Kombination von Wanderung und Schifffahrt am Wolfgangsee. Die erste Etappe verläuft auf dem

Echt gut!

Weg der Wallfahrer von St. Gilgen nach St. Wolfgang, gleichzeitig die letzte Etappe des von Passau über Schärding, Mattsee und Mondsee verlaufenden Pilgerpfades, einem Teil des europäischen Pilgerwegnetzes »Via Nova«. Besagter Abschnitt führt vom »Mozart-Ort« ****St. Gilgen** › S. 86 auf weitgehend schattigem und von Autoverkehr befreitem Weg die Westbucht des Wolfgangsees entlang nach ***Fürberg.** Hier bietet der an der nördlichsten Seebucht gelegene gleichnamige Gasthof (ganzj. tgl.; www.fuerberg.at; ●●) Stärkung, z.B. mit Schnitzel oder Saibling. Weiter geht es durch Wald über den felsigen **Falkenstein** (795 m), wo das über 600 Jahre alte Kirchlein, eine Einsiedelei, nähere Beachtung lohnt, hinab nach **Ried** und am Seeufer Richtung St. Wolfgang. Unterwegs passiert man zwei Dutzend Erlebnispunkte mit Infotafeln zur religiösen und kulturhistorischen Bedeutung der Route – Bildstöcke, Kreuzwegstationen, Kapellen, aber auch historische Höfe und einen Wasserfall.

Am Ortsrand von St. Wolfgang empfiehlt sich die Auffahrt per Zahnradbahn auf den *****Schafberg** › S. 94, von dem man ein herrliches Panorama genießt. Nach einer anschließenden Ortsbesichtigung von *****St. Wolfgang** › S. 91 mit dem Pacher-Altar in der Wallfahrtskirche und dem Weissen Rössl geht es per Schiff weiter: Schon seit Kaiserzeiten gibt es die Schifffahrt am Wolfgangsee. 1873 wurde der Schaufelraddampfer »Kaiser Franz Josef I.« vom Stapel gelassen. Das 33 m lange Gefährt, ein »filmreifes« Nostalgieschiff mit wuchtigen Schaufelrädern, durchpflügt, wie auch sein Gegenstück, die MS »Kaiserin Elisabeth«, nach wie vor im Linienverkehr die Wellen des Wolfgangsees. Im Verbund mit vier modernen Schwesterschiffen verbinden die beiden Oldies alle wichtigen Uferorte, an denen eine Fahrtunterbrechung jederzeit möglich ist.

Ein Landgang empfiehlt sich in der schmucken Sommerfrische **Strobl** › S. 90 mit der toskanischen Deutschvilla und dem Abersee Heimatmuseum, bevor man über St. Wolfgang, Ried und Fürberg wieder nach ****St. Gilgen** zurückkehrt – und dabei mit wunderschöner Aussicht die Etappen des Tages noch mal von Seeseite vorbeiziehen.

Unterwegs an Fuschl- und Wolfgangsee

Thalgau 1

Die kleine, 20 km nordwestlich der Stadt Salzburg gelegene Marktgemeinde Thalgau (5500 Ew.; 545 m) ist eine der ältesten Siedlungen im Land. Unweit der Westautobahn in sanftwelliges Hügelland gebettet, eignet sie sich ideal als Stützpunkt sowohl für Besuche der Festspielstadt als auch für Fahrten in das östlich angrenzende Seenland.

Der schmucke Ort hat sich schon in den 1970er-Jahren, als »Ökotourismus« noch ein Fremdwort war, als Pionier in Sachen Umwelt- und Gesundheitsbewusstsein einen Namen gemacht. Alte Obstkulturen, Flurhecken, überhaupt viel sattes Grün, aber etwa auch eine besonders hohe Dichte an einschlägigen Lehrpfaden und Biobauernhöfen prägen das Ortsbild.

Sehenswert ist die gut 400-jährige ***Hundsmarktmühle** 2 im gleichnamigen Ortsteil nahe des Fuschlsees › S. 84, die heute ein interessantes Museum zur Lokalgeschichte sowie »Vom Korn zum Brot« beherbergt (Juni–Okt. So 14–17 Uhr, Eintritt frei; www.diehundsmarktmuehle.at).

Thematisch passend lädt der von historischen **Mühlen** gesäumte Energielehrpfad von Oberdorf entlang des **Brunnbachs** in Richtung Vettenbach zu einer Zeitreise ein (ca. 3 km).

Oberhalb von Thalgau: Blick auf den Fuschlsee mit Schloss

Italo-Boliden am Salzburgring

Info

TVB Thalgau
Marktplatz 4][5303 Thalgau
Tel. 06235/7350
www.thalgau-tourismus.at

Hotel

Betenmacher
Brunnbachweg 14][Tel. 06235/7328
www.betenmacher.at
350 Jahre Familienbetrieb, gelungene Kombination von traditioneller Gastlichkeit und modernem Komfort; saisonale Küche, stimmige Hausbar. ●

Restaurant

Santner
Marktplatz 2][Tel. 06235/7216
Stattlicher Landgasthof im Ortskern mit gemütlichen Stuben und einwandfreier Regionalkost, hauseigene Biometzgerei. Mo geschl. ●

Rund um Koppl 3

Sowohl hinsichtlich ihres Alters als auch der lieblichen Lage steht die Gemeinde **Koppl** (3300 Ew.; 755 m) Thalgau nicht nach. Östlich des **Gaisbergs** (1287 m) gelegen und direkt an die Landeshauptstadt grenzend, war der Ort bis zur Säkularisation Anfang des 19. Jhs. Sitz einer Hofmark des Bischofs von Chiemsee. Architektonisches Erbe dieser Zeit ist das ehemalige **Jagdschloss Guggentha** westlich von Koppl. Es wurde vermutlich von Santino Solari, Schöpfer des Salzburger Doms und des Lustschlosses Hellbrunn, erbaut, ist heute jedoch in Privatbesitz und vom Verfall bedroht.

Koppl bietet auch schöne Wandermöglichkeiten, z.B. auf einem etwa 3-stündigen Rundweg durch die **Nocksteinschlucht** 4 und auf den gleichnamigen, dem Gaisberg vorgelagerten **Aussichtsberg** (1043 m). Ein weiteres Naturjuwel und geschütztes Feuchtbiotop ist das **Koppler Moor,** das man in 1½ Stunden erwandern kann.

Fans von Oldtimern zieht es ins ***Manro Classic Auto & Musik Museum** im Gewerbepark Habach. Hier harren Pkw-Klassiker, seltene Kräder, aber auch Musikboxen, Poly- und Grammophone der Bewunderer (Mai–Okt. tgl. 10–17 Uhr, Winter So, Mo; www.manro-classic.at).

Thematisch passend: Im sogenannten Nesselgraben nördlich der B 158, liegt der **Salzburgring** 5, der in den 1970er-/80er-Jahren mit Motorrad-WM- und Formel-2-Läufen Motorsportgeschichte schrieb. Heute sind Rennen auf fünf pro Jahr limitiert, dient der Ring v.a. als Trainings- und Teststrecke und, gegen Entgelt, Hobby-Vettels zum Abreagieren (www.salzburgring.com).

Info

TVB Koppl
Dorfstr. 9][5321 Koppl
Tel. 06221/7205][www.koppl.at

Hotel

Kirchenwirt
Dorfstr. 3][Tel. 06221/7202
www.kirchenwirt-koppl.at
Schnörkellose Zimmer im Ortszentrum, eigene Metzgerei. ●

Restaurant

Am Riedl
Eisenstr. 38][Tel. 06221/7206
www.riedlwirt.at
Klassischer Ausflugsgasthof in idyllischer Hügellandschaft, in aussichtsreicher Lage auf einer Anhöhe am Fuße des Nocksteins; auch gemütliche Zimmer. Di geschl. ●

Ebenau 6

Ein weiteres von sanft wogenden Wiesen und Wäldern umrahmtes Dorfidyll ist Ebenau (1400 Ew.; 620 m). Der Ort war vom späten 16. bis ins 19. Jh. hinein bedeutender Wirtschaftsstandort dank einer Messinghütte, eines Eisen- und eines Kupferhammerwerks. Bauliches Relikt aus frühindustrieller Zeit ist das ***Fürstenstöckl,** das heute ein heimatkundliches **Museum** mit den Schwerpunkten Metallherstellung, Waffen, Jagd, Land- und Forstwirtschaft beherbergt (Juni–Sept. Di, Do 10–12, Sa 14–17 Uhr, ganzjährig nach Voranm.; Tel. 0664/4422317).

Eine schöne Art, die Umgebung zu erkunden, bietet der **Mühlenwanderweg.** Er ist 6 km lang und von insgesamt sieben mehrere Hundert Jahre alten Mühlen gesäumt, von denen die um 1700 erbaute **Pertillmühle** ein besonderes Prachtexemplar darstellt. Einen landschaftlichen Höhepunkt entlang der Route markiert die sogenannte **Plötz,** eine wildromantische Schlucht mit imposanten Felsauswaschungen, Wasserstürzen und einem 50 m hohen Wasserfall.

Info

TVB Ebenau bei Salzburg
5323 Ebenau 2
Tel. 06221/8055][www.ebenau.at

Hotels

■ **Haindlgut**
Hinterwinkl 15
Tel. 06221/7890
haindlgut@aon.at
Urlaub auf gestandenem Bauernhof, familiär geführt, naturverbunden. ●

■ **Waschlgut**
Unterberg 5][Tel. 06221/7900
www.waschlgut.at
Schmucker Prachthof in Grün- und Ruhelage westlich von Ebenau, rustikale Zimmer mit Frühstück, sehr familiär und kinderfreundlich – Spielplatz, Traktorausfahrten etc. ●

Restaurant

Gasthof Obermayr
Hinterebenau 18
Tel. 06221/7236
www.hotel-obermayr.at
Verfeinerte, heimische Schmankerlküche, auch vegetarisch, in stimmungsvollem Restaurant mit holzgetäfelter Bauernstube; dazu 15 helle, zeitgemäß gestaltete Zimmer. ●●

Canyoning in der Strubklamm

Faistenau 7

Ein mit Vorliebe von ruhebedürftigen Wanderern und Wintersportlern frequentierter Ferienort ist Faistenau (2900 Ew.; 784 m). Er fand sich erstmals in einer Schenkungsurkunde des Erzbischofs Konrad III. aus dem Jahre 1182 geschichtlich erwähnt. Noch älter ist jene **Linde,** die angeblich seit einem Jahrtausend schon den Mittelpunkt des Dorflebens markiert. Im Schatten ihrer mächtigen Krone wird alle drei Jahre (5. Juli–10. Aug. 2013), gleichsam als Gegenprogramm zum Salzburger Domplatz, von einer Laienspielgruppe der **Faistenauer »Jedermann«, eine Dialektbearbeitung** von Hugo von Hofmannsthals berühmten »Spiel vom Sterben des reichen Mannes«, zur Aufführung gebracht.

Echt gut!

Die benachbarte, von einem doppelten Zwiebelhelm bekrönte **Pfarrkirche** ist St. Jakobus Major geweiht und birgt Fresken aus dem frühen 14. Jh. sowie vier Skulpturen aus der Werkstatt des berühmten Bildhauers Meinrad Guggenbichler.

Kondition und Schwindelfreiheit kann man auf dem **Waldkletterweg** unter Beweis stellen, der in luftiger Höhe über 50 Stationen führt (in den Sommerferien tgl. 10–18 Uhr, in der Nebensaison eingeschr.; www.waldkletterweg-faistenau.at).

Der v.a. für Kinder interessante **Bärenweg** erinnert an den letzten Salzburger Meister Petz, der bis 1838 in Faistenau lebte. Er führt zur Bärenhöhle am Lidaun (1237 m) und schärft mithilfe einer Reihe von Lehrtafeln das Bewusstsein für das Zusammenspiel von Mensch, Tier und Natur.

In der nahen ***Strubklamm** 8 wartet ein Arenalinkick für Konditionstarke: Die 2,7 km lange und bis zu 100 m tiefe Schlucht kann in 3- bis 4-stündigen **Canyoning-Touren** im Flussbett und über Kaskaden durchquert werden (Infos im Gasthaus Strubklamm, Tel. 06228/2653). **Trockenen Fußes und mit Tiefblick folgt man der Schlucht auf dem »Metzgersteig«** südlich oberhalb.

Echt gut!

Info

Tourismusbüro Faistenau
Am Lindenplatz 1
5324 Faistenau][Tel. 06228/2314
www.faistenau.at

Hotel

Alte Post
Am Lindenplatz 5][Tel. 06228/22050
www.altepost-faistenau.at
Wellnesshotel auf 4-Sterne-Niveau mit 2012 renovierten Zimmern, weitläufi-

ger Erholungsoase, gespeist mit Granderwasser, Kulinarium auf Basis uralter Traditionsrezepte. ●●

Restaurant

Bramsau Bräu
Bramsaustr. 36][Tel. 06228/2566
www.bramsau-braeu.com
Uriges Heurigenlokal, das selbst gebrautes Bier und herzhafte Hausmannskost serviert. Mo, Di geschl. ●

*Hintersee 9

Ein Abstecher führt in das stille Tal des Hintersees, ein völlig unverbautes Landschaftsidyll, das man auf einem beschaulichen Spaziergang umrunden kann. In der schlichten Pfarrkirche des gleichnamigen Ortes **Hintersee** wirkte Joseph Mohr, der Textdichter des weltberühmten Weihnachtsliedes »Stille Nacht, heilige Nacht«, neun Jahre lang, 1828 bis 1837, als Vikar. In seinem Wohnhaus hat man ein entzückendes **Puppenstubenmuseum** eingerichtet (Mi–Mo 11–17 Uhr).

Ein reizvolles Wanderziel ab Hintersee (45 Min.) ist die Mayerlehenhütte auf der **Gruberalm** 10. Schon Ihre Majestät Kaiser Franz Joseph pflegte hier zum »Kaiserschmarrnessen« heraufzusteigen. Heute serviert man u.a. ofenfrische Bauernkrapfen und hauseigene Holl(und)erprodukte (Tel. 06224/216, www.gruberalm.at).

Ein Eldorado für Wintersportler ist das mit zahlreichen modernen Liftanlagen bestens erschlossene **Skigebiet Gaißau-Hintersee** (www.gaissauhintersee.at).

Hotels

Ebner's Wohlfühlhotel
5324 Hintersee 4][Tel. 06224/8900
www.hintersee.at
Gehobene Mittelklasse, mit großem Wellnessbereich und Garten sowie einem Puppenstubenmuseum. ●●

Echt gut!

Erlebnisreiche Wanderwege

- Gustav Mahlers Komponierhäuschen ist nur eine von vielen, wenn auch die berühmteste der Stationen entlang dem **Künstlerweg** in Steinbach am Attersee. › S.56
- Die letzte Etappe auf dem **Weg der Wallfahrer** führt von St. Gilgen über den Falkenstein in den 1000jährigen Pilgerort St. Wolfgang. › S. 77
- Per pedes einen unverbauten See umrunden: Sowohl **Fuschl-** als auch **Altausseer See** bieten dieses fitnessfördernde Plaisir. › S. 75 und › S. 125
- Bei Faistenau führt ein 2,7 km langer Steig durch die – sommers herrlich kühle – **Strubklamm.** › S. 82
- Panorama-Wandern in Bilderbuch-Almlandschaft: auf der **Zwieselalm,** zu Füßen des Donnerkogels, im Tal die Gosauseen. › S. 116
- Der **Soleweg** führt von der Bergstation der Salzbergbahn mit Traumblick auf den Hallstättersee bis nach Ebensee. › S. 120
- Der **Heilbronner Rundwanderweg** erschließt bequem das Krippensteinplateau, mit Traumblicken auf Dachstein und Hallstättersee. › S. 123
- Auf drei Routen geleitet die **Via Artis** auf den Spuren prominenter Künstler-Gäste durch das Ausseerland. › S. 126, 128 und 130

■ **Lindenwirt**
5324 Hintersee 25
Tel. 06224/21543
www.lindenwirt-hintersee.at
Landgasthof mit behaglichem Flair, Gastgarten, Liegewiese. Nur 800 m zur Skischaukel Gaißau-Hintersee. ●

Restaurant

Gasthof Hintersee
Hintersee 4][Tel. 06224/8900
Traditionsreiches Ausflugslokal mit bodenständiger Küche Marke Schweinshax'n und Bauernbratl; außerdem 44 Komfortzimmer. Mo, Di geschl. ●●

Hof 11

Nur eine knappe Autoviertelstunde östlich der Stadtgrenze liegt Hof bei Salzburg (3300 Ew.; 740 m). Wie die Nachbargemeinden wartet auch dieser gerne als eigentliches »Tor zum Salzkammergut« bezeichnete Ort mit einer lieblichen, von einem dichten Wegenetz durchzogenen Wald- und Wiesenlandschaft auf. Insgesamt sechs Themen- und Lehrpfade, die vom Ortszentrum in alle Himmelsrichtungen führen, werden unter dem Sammelbegriff »**hofspur**« vermarktet und ausgeschildert (Broschüren im Tourismusverband erhältlich).

Ein beliebtes Wanderziel bildet das etwa 30 Gehminuten entfernt auf einem Höhenrücken in Richtung Thalgau gelegene **Rauchhaus Mühlgrub:** ein seit seiner Entstehung vor 550 Jahren weitgehend unverändertes, sorgsam konserviertes Prachtexemplar eines für die Region typischen, in einen alten Obstgarten gebetteten Einhofs (zugängl. Juli–Okt. jeweils Fr um 15 Uhr; Infos beim Tourismusverband › unten).

Info

TVB Hof bei Salzburg
Postplattenstr. 1
5322 Hof bei Salzburg
Tel. 06229/2249][www.hof.at

Hotel & Restaurant

Alte Tanne
Wolfgangseestr. 33
Tel. 06229/2371
www.gasthof-alte-tanne.at
Sympathischer Familiengasthof, nette Zimmer, gute Küche mit Produkten aus eigener Landwirtschaft. ●●

4 **Fuschlsee

Der von malerischen Berg- und Almengebieten umgebene Fuschlsee mit seinem glasklaren Wasser und stillen Buchten ist ein Naturidyll, das herrliche Bade- und Wandermöglichkeiten bietet.

*Schloss Fuschl 12

Von Hof kommend sieht man von der B 158 aus die größte und weithin markante Attraktion der Gegend: Schloss Fuschl, von dunklen Fichtenwäldern umrahmt, auf einer Landzunge am südwestlichen Ufer des Fuschlsees thronend. Ins Auge fällt vor allem der wehrhaft anmutende Wohnturm des wuchtigen würfeligen Baus (ca. 15. Jh.), der eine wechselvolle Geschichte durchlebte: Ursprünglich Jagdsitz der Salzburger Erzbischöfe, wech-

Schloss Fuschl am gleichnamigen See ist heute ein Luxus-Resort

selte es nach Ende des geistlichen Fürstbistums öfters den Besitzer. 1938 wurde es von Hitlers Reichsaußenminister Ribbentrop übernommen, nach Abzug der Alliierten mutierte es zum Nobelhotel.

Echt gut!

In der **Fünf-Sterne-Plus-Herberge,** ausgestattet mit allem erdenklichen Luxus – Golfplatz, Beauty-Spa, Rolls-Royce-Limousinenservice, Gourmetrestaurant samt herrlicher Seeterrasse u.v.m. – gibt sich zur Festspielzeit die Prominenz die Klinke in die Hand (www.schlossfuschlsalzburg.com; ●●●). Bekannt auch als Drehort der Filmtrilogie mit Romy Schneider, präsentiert ein kleines **Sisi-Museum** im Schloss Gegenstände aus Kaiserin Elisabeths Besitz.

*Fuschl am See 13

An der östlichen Bucht des Fuschlsees – übrigens dem einzigen namhaften See des Salzkammerguts, der zur Gänze dem Land Salzburg gehört – liegt der Ort Fuschl am See (1460 Ew.; 670 m). Er erfreut sich vor allem bei Badeurlaubern großer Beliebtheit, nennt unter anderem ein elegantes öffentliches **Seebad** sein Eigen und erfüllt mit seinem breiten Hotellerie-Angebot, das vom mondänen All-inclusive-Resort bis zur schmucken Privatpension reicht, die unterschiedlichsten Urlauberbedürfnisse.

Fuschl ist aber auch in Wirtschaftskreisen international bekannt – als Firmensitz der 1984 gegründeten Red Bull GmbH, die heute mit ihren Energy Drinks diesem Sektor »Flügel verleiht« und Marktführer ist.

Vergnügen für die ganze Familie verspricht die **Fuschler Sommerrodelbahn** an der Wolfgangsee-Bundesstraße. Dabei zieht ein Liftschlitten die Fahrgäste auf den Berg, ehe man in Halbrinnen auf Räderkufen 600 m zu Tal saust (Mai–Okt. tgl. bei Trockenwetter ab 10 Uhr; www.rodelbahnen.at).

Info

Urlaubsregion Fuschlsee
Dorfplatz 1][5330 Fuschl am See
Tel. 06226/8384
www.fuschlseeregion.at

Hotels

■ **Ebner's Waldhof am See**
Seestr. 30][Tel. 06226/8264
www.ebners-waldhof.at
Riesiges Ferienresort auf Top-Niveau mit vielfältigem Aktiv- und Kinderprogramm, 4000-m²-Spa, hauseigener Alm samt Golfplatz u.v.m. ●●●

■ **Schlick**
Seestr. 12][Tel. 06226/8237
www.seehotelschlick.at
Alteingesessenes 3-Sterne-Haus mit behaglichem Charme und exzellentem Fischrestaurant. ●●

■ **Seeberghof**
Seestr. 88][Tel. 06226/8313
www.seeberghof-fuschl.at
Familienfreundlicher Bauernhof in absoluter Ruhelage, nette Ferienwohnungen, eigener Naturbadestrand. ●

Restaurants

■ **Brunnwirt**
Wolfgangseestr. 8][Tel. 06226/8236
Echt gut! Verfeinerte Regionalküche in den romantischen Stuben des 600 Jahre alten Hofes oder im Gastgarten am See. So, Mo geschl. ●●●

Gourmetküche beim Brunnwirt

■ **Steakhouse**
Ellmaustr. 2][Tel. 06226/8231
Paradies für (Angus-)Steak-Fans, Terrasse mit Seeblick; auch Gästezimmer. ●–●●

Ausflüge von Fuschl

Von Fuschl aus empfehlen sich neben der **Seeumrundung** › S. 75 weitere schöne Wanderungen:

Eine gemütliche 2-stündige (hin/zurück) führt in Richtung Norden zur **Ruine Wartenfels** 14 (13. Jh.), erreichbar von dem gleichnamigen Ansitz und Forsthaus-Restaurant (www.wartenfels.at; auch Kfz-Anfahrt möglich).

Von Wartenfels weiter kann man auch den **Schober-Gipfel** (1328 m) erklimmen, der etwas Trittsicherheit erfordert und mit einem tollen Panorama belohnt.

Eine besonders schöne und abwechslungsreiche Wanderung führt von Fuschl ostwärts zum **Eibensee** 15. Der etwa 5-stündige Weg ist gesäumt von Wiesen, Mooren, Felsfluren, Moor-, Fichten- und Buchenwäldern. Auf den z.T. schmalen Steigen sind jedoch gutes Schuhwerk und eine gewisse Trittsicherheit erforderlich.

5 **St. Gilgen 16 am Wolfgangsee

Der **Wolfgangsee** mit den drei Ufergemeinden St. Gilgen, Strobl und St. Wolfgang bietet Erholung, Natur und Kultur vor einer Postkarten-Kulisse. Diese fasziniert besonders vom Wasser aus bei einer **Schiffsrundfahrt** › S. 77.

Echt gut!

Ein Ferienort wie aus dem Bilderbuch am westlichen Seeende ist **St. Gilgen** (3700 Ew.; 545 m). Dessen Gründung geht vermutlich auf eine schon im 8. Jh. bestehende Mönchszelle zurück, ihr Name auf den Ortsheiligen Ägidius von St. Gilles alias Gilgian. Ihm ist die **Pfarrkirche** geweiht, die mit Ausnahme der spätgotischen Vorhalle im Wesentlichen aus dem Jahr 1767 stammt.

Besondere Beachtung verdient das Gebäude des Bezirksgerichts: 1720, im Jahr seiner Fertigstellung, wurde hier Mozarts Mutter Anna Maria Pertl geboren. Das heutige ***Mozarthaus St. Gilgen** hält Wolfgang Amadeus' Schwester Maria Anna Walburga Ignatia, genannt »Nannerl«, in Ehren. Ihr, die musikalisch ebenfalls hoch begabt war und als Gattin des Richters Berchtold zu Sonnenburg 17 Jahre im Haus lebte, sind **eine Ausstellung und eine Tonbildschau** gewidmet (Juni–Sept. Di–So 10–12 und 15–18 Uhr).

Echt gut!

An Mozart selbst erinnert der von Karl Wollek in den 1920er-Jahren gestaltete **Mozartbrunnen** auf dem gleichnamigen Platz, an die berühmteste Sommerfrischlerin aus der Zeit um die vorige Jahrhundertwende die Marie-von Ebener-Eschenbach-Allee an der Seepromenade.

Im wohltuend verkehrsberuhigten Ortskern von St. Gilgen mit seinen in bunten Barock- und Rokokofarben leuchtenden Fassaden stößt man auf drei weitere

Mozartbrunnen in St. Gilgen

interessante Museen: Das **Museum Zinkenbacher Malerkolonie** ist jenen Wiener Künstlern aus dem Umfeld der »Secession« und des »Hagenbund« gewidmet, die in der Zwischenkriegszeit ihre Sommerfrische am Wolfgangsee verbrachten (Anf. Juli–Anf. Okt. Di–So 15–19 Uhr; www.malerkolonie.at). Im selben Haus, der ehemaligen Volksschule in der Aberseestraße Nr. 11, ist das **Musikinstrumenten-Museum** untergebracht. Es lädt anhand von über 2000 Instrumenten zu einer musikalischen Reise rund um den Erdball (Anf. Juni bis Mitte Okt. Di–So 9–11 und 15–19 Uhr, sonst variierende Öffnungszeiten; www.hoerart.at).

Das ***Heimatkundliche Museum** am Pichlerplatz befasst sich mit der örtlichen Geschichte, insbesondere der Erzeugung der Salzburger Klöppelspitze, der St. Gilgner Glashütte und der Insektensammlung des Nobelpreisträgers Karl von Frisch, dem Entdecker der »Bienensprache« (Juli–Sept. Di–So 10–12 und 15 bis 18 Uhr; www.museum-sankt-gilgen.at).

Info

Wolfgangsee Tourismus
Mondseer Bundesstr. 1a
5340 St. Gilgen][Tel. 06227/2348
www.wolfgangsee.at

Hotels

■ Zur Post
Mozartplatz 8][Tel. 06227/2157
www.gasthofzurpost.at
Von außen urig-vertraut seit fast 600 Jahren, innen innovativ designt mit traditionellen Materialien von Loden und Holz bis Hirschgeweih. Sonderelemente: offene Wohnbäder. Moderner Komfort, feines Restaurant. ●●–●●●

■ Wenglhof
Wenglstr. 1][Tel. 06227/2476
www.wenglhof.at
Freundlicher Familienbetrieb an sonnigem Uferplätzchen. ●●

■ Rosam
Fronfestgasse 2][Tel. 06227/2591
www.tiscover.at/rosam
Nette Standardzimmer gleich neben dem Schiffsanleger, hauseigenes Restaurant. ●

Restaurants

■ Haus am Hang
Mondsee-Bundesstr. 10
Tel. 06227/8208
www.haus-am-hang.at
Mediterran-österreichische Küche, geradlinig und sehr kreativ präsentiert von dem jungen Wirtsleutepaar Bocsa. Mo, Di geschl. ●●●

■ Timbale
Salzburgerstr. 2][Tel. 06227/7587
Haubenbekrönter, v.a. für seine Fischgerichte weithin gepriesener Gourmettempel, winzig, daher Res. empfohlen. Do ganz-, Fr mittags geschl. ●●●

■ Angusta
Pöllach 76][Tel. 06227/21012
www.angusta.at
Feine Adresse für Fleischliebhaber. Spezialität: Grillsteaks vom Angusrind und Spareribs. Mo geschl. ●●

■ Fischerwirt
Ischler Str. 21][Tel. 06227/2304
www.fischer-wirt.at
Gehobene Hausmannskost in gepflegtem Rahmen, direkt an der Schiffanlegestelle. ●●

■ Gamsjaga
Ried 28][Tel. 06227/32228
www.gamsjaga.at
Bilderbuchwirtshaus mit modernem Touch, Fisch- und süße Strudelspezialitäten, Kastaniengarten direkt am See. Sept.–Juni Mi geschl. ●●

■ Zur Post
Mozartplatz 8][Tel. 06227/2157
www.gasthofzurpost.at
Gutbürgerlich tafeln, regionale Klassiker, herzhaft und ohne Firlefanz. ●●

Ausflüge von St. Gilgen

*Zwölferhorn 17

Echt gut!

Einen erhebenden **Panoramablick auf die Wolfgangsee-Region genießt man von St. Gilgens Hausberg,** dem Zwölferhorn, im

Volksmund auch »Sonnenuhr des Salzkammerguts« genannt. Seinen gut 1520 m hohen Gipfel, von dem aus man auf gut beschilderten Rund- und Themenwegen vielerlei Wanderungen unternehmen kann, erreicht man das ganze Jahr über bequem mithilfe einer traditionsreichen Seilbahn (Tel. 06227/2350, www.12erhorn.at).

*Europakloster Gut Aich 18

3 km östlich von St. Gilgen, in **Winkl,** liegt das Kloster Gut Aich. Dessen weltoffene Benediktinermönche laden im Sommer jeden Do um 14.30 Uhr zur Führung durch die klostereigene Kirche, die Kräutergärten, Kunstwerkstätten und Schaukellerei. Im Klosterladen kann man die hauseigenen Naturprodukte erwerben. Und wer innere Einkehr sucht, für den gibt es ganzjährig spirituelle Seminare, Konzerte, Tanz- und Yogakurse etc. (www.europa kloster.com).

Abersee 19

Abersee: Dieser ursprüngliche Name des Wolfgangsees, den manch ältere Einheimische immer noch verwenden, wurde vor wenigen Jahrzehnten erst auf einen Ort übertragen. Abersee liegt auf jenem flachen Schwemmkegel des Zinkenbaches, der den See vom Südufer her beinahe halbiert. Hier findet man reizvolle Bademöglichkeiten vor dem malerischen Hinterland an den Abhängen des Breitenbergs (1260 m)

Auffahrt zum Zwölferhorn

sowie weitere Attraktionen, v.a. für Familien mit Kindern:

Im Erlebnispark ***Abarena** wecken drei Modelleisenbahnanlagen, Schiffs- und Bahnmodelle, ein Flugsimulator, Modellauto-Rennbahnen, ein Paddelparcours, eine 40-m-Riesenrutsche u.v.m. den Spieltrieb (April–Okt. Fr 13 bis 18, Sa, So 9–18, in den Oster- und Sommerferien tgl. 9–18 Uhr; www.abarena.at). Im benachbarten **Dorf der Tiere** kann man v.a. heimische Tierarten sehen, streicheln und füttern (tgl. 9.30 bis 19 Uhr; www.dorfdertiere.at).

Und im Ortsteil **Gschwendt 20**, unweit der Schiffsstation, kann man sich bergauf ziehen lassen und auf der 1300 m langen **Sommerrodelbahn** wieder rasant ins Tal abfahren (Mai–Okt. tgl. bei Trockenwetter ab 10 Uhr; www.rodelbahnen.at).

Hotel

Kleefeld

Weißenbach 12][Tel. 06137/7383
www.kleefeld.at

Zimmer mit Aussicht in schöner Alleinlage oberhalb von Strobl, mit eigenem Wildtierpark, Fischteichen, Streichelzoo, Klettersteig, Naturrodelbahn, Erlebnisrestaurant u.v.m. ●●

Restaurant

Weidinger Stub'n
Abersee-Gschwendt 232
Tel. 06137/7111
Spezialitäten aus der Gegend, von Kasnock's bis Saiblingfilet, im Holzhaus nahe dem See. Juli, Aug. Mo, sonst auch Di geschl. ●●

Shopping

Brennerei Primushäusl
Abersee-Gschwendt 40
www.primushaeusl.at
Hochprozentige Souvenirs aus einer international ausgezeichneten Destillerie. Schaubrennerei mit Verkostung.

Strobl 21

Eigentlich müsste der Urlaubsort Strobl (3650 Ew.; 540 m), wie St. Gilgen und St. Wolfgang, nach einem Heiligen benannt sein. Und zwar nach dem hl. Sigismund, der doch als Patron der spätbarocken Pfarrkirche fungiert. Aber hinter dem Ortsnamen steckt Profanes: ein gewisser Friedrich Stroblo, also ein »strubbeliger Mann«, der im 14. Jh. als erster Inhaber einer »Seege«, eines Fischteiches, aufscheint.

Am Bürglsteinweg bei Strobl

Wie dem auch sei: Hier an seinem Ostende entleert sich der See in die Ischler Ache. Er ist daher besonders flach und sein Wasser nicht selten 24 °C und mehr warm. Kein Wunder, dass Strobl sich bald zu einer Sommerfrische entwickelt hat: Fiaker brachten schon zur k.u.k-Zeit zahlreiche hochherrschaftliche Besucher aus dem kaiserlichen Bad Ischl zum Baden hierher. Dementsprechend prominent waren auch viele seiner Dauergäste: Hugo von Hofmannsthal genoss hier die Stille und Natur. Nach 1945 schlugen u.a. Theo Lingen, Emil Jannings, Hildegard Knef in Strobl zeitweise Wurzeln. Max Reinhardts Gattin, Helene Thimig, lebte, woran an der Seepromenade eine Büste erinnert, sogar 20 Jahre hier.

Besuchenswert sind zum einen die **Deutschvilla,** ein in den 1920ern von einer Wiener Bankiersfamilie im toskanischen Stil errichtetes Feriendomizil, das heute als Zentrum für Gegenwartskunst fungiert (Tel. 06136/8430, www.deutschvilla.at); zum anderen das **Aberseer Heimatmuseum,** das man im Lipphaus, einem um 1500 erbauten Bauernhof, eingerichtet hat (Strobl 3; Juni–Sept., Fr, Sa 14–17, So, Fei 10 bis 12 Uhr; Tel. 06137/6594).

Info

Wolfgangsee Tourismus
Moosgasse 275][5350 Strobl
Tel. 06137/7855
www.wolfgangsee.at

Hotel

Stroblerhof
Ischlerstr. 16][Tel. 06137/7308
www.stroblerhof.at
4-Sterne-Haus, zentral, in weitläufiges Grün gebettet, eigener Tennisplatz, Badesteg, Spa-Badehaus, köstlich-kreative Küche. ●●–●●●

Restaurant

Brandauer's Villen
Moosgasse 73][Tel. 06137/7205
www.brandauers.info
Ambitionierte, gediegene Kochkunst in historischem Ambiente mit Zutaten aus dem See und seinem Umland. ●●

Ausflug: Postalm 22

Von Strobl windet sich eine 22 km lange mautpflichtige **Panoramastraße** Richtung Süden, hinauf auf das zweitgrößte Hochplateau Europas und Österreichs größtes Almgebiet. Die 46 km^2 große Postalm (www.postalm.at) liegt zwischen 1200 und 1900 m Seehöhe und wird von den Bauern im Tal auch heute noch als Sommerweide für ihr Vieh genutzt.

Wanderwege führen von einer Hütte zur anderen. Senner versorgen die Wanderer mit frischen Almprodukten. Und im Winter überzieht eine Vielzahl von Pisten und Loipen das Gelände.

6 ***St. Wolfgang 23

Die am Nordostufer des Wolfgangsees gelegene Marktgemeinde St. Wolfgang (2840 Ew., 540 m) besitzt in ihrem Ortskern – der dank einem großen Parkhaus und direkten Zubringertunnel weitgehend verkehrsbefreit ist – eine Reihe wunderschöner, uralter Giebelhäuser und verströmt, all den Souvenirläden und den an Sommertagen bisweilen bedenklich dichten Besuchermassen zum Trotz, vor allem rund um den Marktplatz einen ganz speziellen, kleinstädtischen Charme.

!! Wer einen Tagesausflug nach St. Wolfgang plant, sollte sein Kfz vis-à-vis, in Gschwendt › S. 89, parken und, um den obligaten Stau bei der Zufahrt zu vermeiden, für die letzte Etappe der Anreise das Schiff benutzen. St. Wolfgang ist einen Großteil des Tages für Autos gesperrt, außerdem kann man so den Besuch mit einer schönen Schiffsrundfahrt kombinieren › S. 77.

Sammler- und Mädchenherzen schlagen höher im entzückenden **Puppenmuseum** mit seiner großen Barbie-Kollektion, untergebracht in der Dorf-Alm am Markt (Nr. 123; tgl. außer Di 11–18 Uhr; www.puppenwelt.at).

Es sind aber zwei Top-Attraktionen, denen St. Wolfgang internationale Bekanntheit verdankt: das operettenbekannte Weisse Rössl und die Pfarrkirche mit dem weltbekannten Pacher-Altar.

Das viel besungene Weisse Rössl und die berühmte Pfarrkirche

*Weisses Rössl

Das legendäre Hotel Weisses Rössl – heute ein Komplex aus neun Bürgerhäusern – ist ein Symbol für die Rolle des Ortes als Epizentrum der Operettenseligkeit. Die Geschichte ist bekannt: Da beschloss ein gewisser Ralph Benatzky Ende der 1920er-Jahre, einen Schwank um eine resolute Wirtin und ihren Oberkellner, den 30 Jahre zuvor zwei Berliner Lustspielproduzenten verfasst hatten, zu vertonen. Robert Stolz und andere steuerten Schlager bei. Ein Welterfolg war geboren. »Im Weissen Rössl« rief auf den Bühnen der Welt Begeisterungsstürme hervor. Und bescherte St. Wolfgang – obwohl das ursprüngliche Gasthaus der Story genau genommen bei Bad Ischl stand (nicht weitersagen!) – einen Mythos, von dem es aus touristischer Sicht bis heute zehrt.

**Pfarrkirche St. Wolfgang

Ungleich bedeutsamer aus kunsthistorischer Sicht ist jedoch die Pfarr- und Wallfahrtskirche, jenes sakrale Schatzhaus, das sich im Herzen des Ortes erhebt. Bereits um das Jahr 982, also in ottonischer Zeit, soll sich Wolfgang, der Bischof von Regensburg, am nahen Falkenstein, einer Felswand, die bis direkt in den See senkrecht abfällt, eine Eremitenklause erbaut haben. Diese begann bald nach seiner Heiligsprechung (1052) erste Wallfahrer anzuziehen. Die Zahl der Frommen wuchs rapide. Im ausgehenden Mittelalter zählte St. Wolfgang neben Rom, Aachen und Einsiedeln zu den meistbesuchten Pilgerstätten Europas. Aus dieser Blütezeit stammt die spätgotische Kirche (geöffnet im Sommer 8–19, im Winter 8–16 Uhr).

Karte Seite 76

Unter ihrem Dach stehen, bewacht von einem wuchtigen, mit barocker Haube bekrönten Turm, insgesamt fünf gotische Altäre, die jeder für sich eine Sensation sind: Der im nahen Mondsee beheimatete Schweizer Bildhauer **Meinrad Guggenbichler** (1649 bis 1723) schnitzte Anfang des 18. Jhs. die **drei Altäre,** welche die Nordseite schmücken.

Der ***Doppelaltar** von 1675/76 am nördlichen Pfeiler des Mittelschiffs mit dem sitzenden Hl. Wolfgang ist ein Hauptwerk des Meisters **Thomas Schwanthaler** (1634–1707) aus dem Innviertel.

Alle Blicke auf sich zieht aber im hellen Chor der sogenannte *****Pacher-Altar** › Bild S. 31. Zehn Jahre lang, von 1471 an, hat der Südtiroler Michael Pacher (um 1435 bis 1498) an diesem 6,5 m breiten und über 11 m hohen Meisterwerk gearbeitet, das von Kennern ob seiner Ausdruckskraft und Detailtreue in einem Atemzug mit den berühmtesten Schöpfungen eines Veit Stoß oder Tilman Riemenschneider genannt wird. Er ist einer der wenigen noch komplett erhaltenen spätgotischen Flügelaltäre der Welt. Die vier Hauptgestalten in den golden gleißenden Baldachinräumen stellen Christus mit Maria bei ihrer Aufnahme in den Himmel, den hl. Wolfgang (links) und den hl. Benedikt (rechts) dar. Die weiteren Tafeln auf den vier Flügeln zeigen Szenen aus dem Leben Christi (in geöffnetem Zustand) bzw. dem Leben Marias (bei geöffneten Innenflügeln).

Info

Wolfgangsee Tourismus
Au 140][5360 St. Wolfgang
Tel. 06138/8003
www.wolfgangsee.at

Hotels

■ Weisses Rössl
Markt 74][Tel. 06138/2306-0
www.weissesroessl.at
Operettenbesungener Hotelklassiker in pittoresker Uferlage, 1500-m²-Wellnessbereich mit geheiztem Seebad, See-Terrassenrestaurant. **Haubengekrönte Gourmetküche serviert das hauseigene Romantikrestaurant.** ●●●

Echt gut!

■ Falkenstein
Ried 29][Tel. 06138/2258
www.hotel-falkenstein.at
Mittelklasse-Gasthof, komfortabel, im Regionalstil mit Holzveranden, Geranienbalkonen in traumhafter Ruhelage an einem sonnigen Plätzchen direkt am See. ●●

Ballon-Erlebnis

Wer das Salzkammergut aus der Vogelperspektive genießen will, muss nicht unbedingt einen Berg besteigen. Die Balloon & Airship Company in St. Wolfgang organisiert seit mehr als 20 Jahren exklusive aussichtsreiche Fahrten mit dem Heißluftballon. Die in der Regel halbtägigen Touren umfassen die Anfahrt zum Startplatz, das gemeinsame Aufstellen des Ballons, die Luftfahrt und die anschließende Champagnertaufe (ab 6 Personen; Adresse: Schwarzenbach 73, Tel. 06138/3027, www.freiheit.at).

Nostalgie-Fahrt auf den Schafberg

Restaurants

Joseph's

Markt 17
Tel. 06138/20460
www.josephs.at

Traditionsbewusst und schick: Edelrestaurant mit traumhafter Seeterrasse in ruhiger Bucht. ●●●

Am See

Ried 123][Tel. 06138/2385
www.seehang.com

Genießeradresse, speziell für Fischliebhaber, direkt am Wasser. Auch schöne Zimmer. Mai–Okt., Mo geschl. ●●

Fischergartl

Markt 79
Tel. 0664/5034733
www.fischergartl.at

Fangfrische Wildfische (auch zum Mitnehmen!) aus dem See, kredenzt in idyllischer Uferlage. Nur sommers, Juli/Aug. Mi–So, Juni Fr–So. ●●

Hupfmühle

Au 1][Tel. 06138/2579
www.hupfmuehle.at

Echt gut! **Schlicht und romantisch: alte Mühle, ein Stück hügelan am Bach im Wald** gelegen. Speziell probierenswert: gebratener Fisch und frische Strudel; auch nette Zimmer. ●

7 ***Schafberg 24

Große Verdienste um die touristische Entwicklung St. Wolfgangs machte sich Ende des 19. Jhs. der Technikpionier Josef Stern. Nachdem er die Salzkammergut-Lokalbahn geplant hatte, die dann auf schmaler Spur bis 1957 die Stadt Salzburg mit dem Kurort Bad Ischl verband, baute er als Kraftwerksspezialist das landesweit erste Dampfkraftwerk, wodurch der Ort schon 1894 elektrisches Licht erhielt. Vor allem aber gebar er die Idee, den flach ansteigenden Schafberg mit einem Schienenstrang zu erschließen. Diese **Schafberg-Zahnradbahn,** die in Mitteleuropa nur auf dem Rigi, dem Schweizer Ausflugsberg am Vierwaldstätter See, ihresgleichen hat, dampft seit 1893 von St. Wolfgang (540 m ü. NN) in langen Serpentinen auf den mit 1783 m höchsten Berg zwischen Wolfgang-, Mond- und Attersee.

Der Blick von der schroffen Bergkante, die nicht ohne Grund »Himmelspforte« heißt, ist grandios, reicht bis tief ins Alpenvorland bzw. in der Gegenrichtung bis zu den Dreitausendern der Hohen Tauern (Ende April–Ende Okt. tgl. von ca. 9–18 Uhr, Juli/Aug. außerdem Nostalgie-Erlebnisfahrten, Fahrzeit ca. 45 Min.; www.schafbergbahn.at). Echt gut!

Operettengala beim Lehárfestival im Kurhaus von Bad Ischl

Bad Ischl und Umgebung

Nicht verpassen!

- In der Kaiservilla auf den Spuren des habsburgischen Langzeit-Monarchen und seiner Sisi wandeln
- In der Konditorei Zauner Süßigkeiten naschen
- In den warmen Wässern der Salzkammergut-Therme Leib und Seele regenerieren
- Beim Lehárfestival in zuckersüßer k.u.k.-Melodienseligkeit schwelgen
- Vom Hausberg Katrin das Prachtpanorama auf Stadt und Umland genießen

Zur Orientierung

Der altösterreichische Charme dieser »Miniaturmetropole« des Salzkammerguts (14 000 Ew.; 468 m) erschließt sich jedem Neuankömmling im Nu. Schon in der frühen Neuzeit war der Ort in Nachfolge des unmittelbar benachbarten Marktes Lauffen zum Zentrum des Geschäfts mit dem »Weißen Gold« aufgestiegen. Doch weithin bekannt wurde Bad Ischl erst gegen Mitte des 19. Jhs. als Sommerresidenz des Habsburgerherrschers und seiner Familie aus Wien sowie als Feriendomizil prominenter Künstler. Deren Aushängeschild: der Operettenkönig Franz Lehár.

Die Straßenzüge im Stil der Gründerzeit und die herrliche Bergkulisse verleihen der am Flüsschen Traun gelegenen »Kaiserstadt« ihr unverkennbares Flair. Ein Muss für alle Besucher ist die Besichtigung der Kaiservilla samt zugehörigem Park. Daneben lohnen die Lehárvilla und mehrere interessante Museen eingehende Beachtung. Das vielleicht Schönste an Bad Ischl ist aber der Bummel durch den schmuck herausgeputzten Stadtkern und über die Traun-Esplanade mit Kaffee und Kuchen in der legendären Konditorei Zauner als krönenden Abschluss. Freunde der leichten Muse kommen bei Kurkonzerten, Theatergastspielen und dem allsommerlichen Operettenfestival auf ihre Rechnung. Als Österreichs ältestes Solebad verfügt Bad Ischl außerdem über modernste Kureinrichtungen. Selbst ein nur kurzer Besuch in der Salzkammergut-Therme entspannt Leib und Seele nachhaltig.

Das Wohlbefinden steigern auch Ausflüge in die anmutige Umgebung: mit der Seilbahn auf den Hausberg Katrin zum Beispiel, oder per pedes auf den Kalvarienberg oder Siriuskogl, zum Nussensee oder zur Burgruine Wildenstein.

Bad Ischls Trinkhalle, dahinter das historische Postamt

Touren in ***Bad Ischl

Bad Ischls Zentrum

(8) Trinkhalle › Therme › Nikolauskirche › *Stadtmuseum › Lehárvilla › Friedhof › Siriuskogl

Dauer: 1 Tag
Praktische Hinweise: Natürlich kann man diesen Rundgang im Eilschritt auch in nur zwei Stunden absolvieren. Doch mit Muße, einer Kaffeepause, ausführlichem Museumsbesuch und kulinarischem Finale auf dem Siriuskogl (Achtung, auf halbwegs robustes Schuhwerk achten!) lässt sich der Genuss problemlos auf einen ganzen Tag ausdehnen. Stadtpläne, Wanderkarten erhält man gratis am Ausgangspunkt, bei der Tourismus-Info: im Sommerhalbjahr und um Weihnachten Mo–Sa 9–18, So, Fei 10–18, im Winter Mo–Fr 9–17, Sa, So, Fei 10–14 Uhr; www.badischl.com.

Trinkhalle 1

Es liegt aus mehreren Gründen nahe, den Stadtrundgang an der Trinkhalle zu beginnen. Ein pragmatischer: In ihr unterhält der Bad Ischler **Tourismusverband** sein Büro. Hier erhalten Ortsunkundige alle Arten von Informationen – Prospekte, Karten, Auskünfte, Tickets etc. Außerdem dient der strahlend weiße Bau an der Auböckstraße, seit man ihn anlässlich der oberösterreichischen Landesausstellung 2008 auf Hochglanz renoviert und mit modernster Technik ausgestattet hat, als zentrale Location für Konzerte, Vorträge, Bälle, Galaempfänge. Vor allem aber markiert der rundum von einem Säulengang gesäumte, mit zwei gläsernen Seitenflügeln versehene und entlang seinem Gesims mit einem Würfelfries dekorierte, klassizistische Bau wie wohl kein zweiter die lange Kurtradition der Stadt.

Von Anfang an, nach ihrer Eröffnung 1831, als sie noch »Wirerbad« hieß, diente die Trinkhalle nicht bloß als Ort, an dem man auf ärztliche Anordnung Becher um Becher salzhaltigen Wassers leerte, sondern als Gesellschaftstreff. So bietet er eine gute Gelegenheit, etwas in die Geschichte Bad Ischls einzutauchen. Diese reicht zwar bis in die Römerzeit zurück – eine Weiheschrift an den Gott Mithras bekundet den Ort als Zollstation. Und auch Salzgewinnung dürfte hier zumindest im Frühmittelalter eine Rolle gespielt haben. Doch blühte das Geschäft erst auf, als Kaiser Maximilian I. 1514 den Bewohnern den Salzhandel gestattete. 1595 wurde ein erstes Sudhaus errichtet, in dem man aus Hallstatt herbeigeleitete Sole versottete.

*Salzkammergut-Therme 2

Seinen zweiten Aufstieg erlebte der Ort gut 200 Jahre später: Da beobachtete der Wiener Arzt Franz Wirer, wie sein Ischler Kollege Josef Götz an Hautkrankheiten leidende Salinenarbeiter mittels erwärmter Sole heilte, und eröffnete daraufhin ein erstes Solebad für 80 Gäste. Bald kam Kaiser Franz I. in den noch jungen Kurort zur Therapie. Ihm folgten aristokratische Gäste aus halb Europa, welche die Kunde vom Liebreiz der Landschaft und der Heilkraft des örtlichen Wassers hinaus in die Großstädte trugen. Womit wir indirekt, thematisch nämlich, bei der zweiten Station des Rundgangs gelandet wären: der Kernzone des gegenwärtigen Ischler Kurwesens namens Salzkammergut-Therme.

Das **EurothermenResort,** wie der 2009 nach einer umfassenden Erweiterung und Modernisierung wieder eröffnete Komplex nunmehr auch heißt, umfasst neben dem Vier-Sterne-Hotel Royal › S. 106, eine aufwendig gestaltete In- und Outdoor-Badelandschaft mit Solebecken, Whirlpools, Sauna, Solarien, Wellnesszonen. Zur Anwendung kommen vor allem Sole, Schwefel, Schlamm (tgl. 9–24 Uhr; www.eurothermen.at).

Vom Auböckplatz zum Kurpark

Zurück Richtung Trinkhalle zum Auböckplatz, verdient die von einem 72 m hohen Turm überragte Stadtpfarrkirche **St. Nikolaus 3** nähere Beachtung. In ihrem Inneren fallen die Fresken, Altarbilder und Mosaiken, der geschnitzte Kreuzweg und vor allem die Kaiser-Jubiläums-Orgel ins Auge.

Durch die Franz-Josef-Straße gelangt man auf den Kreuzplatz,

1 Trinkhalle/Tourist-Information
2 Salzkammergut-Therme/EurothermenResort
3 Pfarrkirche St. Nikolaus

 Karte Seite 98

an dessen Südseite seit dem Jahr 1827 das **Lehártheater 4** einen Brennpunkt des Ischler Kulturlebens bildet. Heute fungiert es als Kino sowie als Bühne für Theater-, Musik und Literaturveranstaltung (www.lehartheater.at).

Auf dem Rückweg in Richtung Traun durch die Wirerstraße führt ein Abstecher durch den **Kurpark** zum **Kongresshaus 5**. Dieses bildet mit seiner Bühne **allsommerlich beim Lehárfestival** das Mekka für Operettenliebhaber. Echt gut!

4 Lehártheater
5 Kongresshaus
6 Museum der Stadt
7 Konditorei-Kaffee Zauner
8 Lehárvilla
9 Ischler Friedhof
10 Siriuskogl
11 Kaiservilla
12 Photomuseum
13 Kalvarienberg
14 Elisabethwaldweg

Ihm zu Ehren spielt dann das ortseigene Lehár-Orchester im Dreivierteltakt auf (Tel. 06132/23839, www.leharfestival.at).

!! Anstatt zu Fuß kann man die Ischler Innenstadt auch in einer Pferdekutsche erkunden, oder mit Erläuterungen an Bord eines Bähnleins, dem sogenannten **Kaiserzug** › Bild S. 13 (April–Dez.; www.bummelzug.org). Die Standplätze für beide befinden sich im Ostbereich des Kurparks.

*Museum der Stadt 6

Im ehemaligen Salzfertiger-Haus an der Esplanade (Nr. 10) feierte Kaiser Franz Joseph 1853 mit seiner »Sisi« alias Elisabeth, Prinzessin aus dem bayerischen Zweig der Wittelsbacher, Verlobung. Seit 1989 beherbergt das zuvor als »Hotel Austria« weithin bekannte Gebäude das Bad Ischler Stadtmuseum.

Im Zentrum der Dauerausstellung stehen die regionale Bedeutung des Salzes und Ischls Aufstieg zum Kurbad. Vervollständigt wird sie durch Objekte zur Volkskultur, Modelle historischer Traunplätten (Holz-Arbeitsboote), Werke der in der Region einst urlaubenden Künstler sowie die kolossale sog. **Kalss-Krippe.** Gut bestückt ist auch die sogenannte **Sarsteiner Sammlung** mit Schwerpunkt Asiatika. Sie stammt aus dem Fundus des Ischler Hoteliers Hans Sarsteiner, der in den Jahren 1887 bis 1905 eine Weltreise unternommen hatte (Do–So 10–17, Mi 14 bis 19 Uhr; www.stadtmuseum.at).

Durch die Pfarrgasse

Um die Beine etwas auszuruhen und die Sinne zu verwöhnen, empfiehlt sich, ehe man den Fluss quert, ein kurzer Schwenk in die nahe Pfarrgasse – die zentrale, vom Autoverkehr befreite Einkaufsmeile der Stadt – und dort die Einkehr in der legendären **Konditorei Zauner** 7. Seit 1832 geht die Salzkammergut-Prominenz in diesem Wonneort für alle süßen Sünder ein und aus. Was man im Stammhaus in der Pfarrgasse 7 (tgl. 8.30–18 Uhr) oder an der Traun-Esplanade (tgl. 10 bis 22 Uhr; im Winter beide Mo geschl.) bis heute mit Vorliebe vernascht: den Zauner-Stollen, Ischler Oblaten und Lehár-Schnitten.

*Lehárvilla 8

Zum biedermeierlichen Flair Bad Ischls trägt ganz maßgeblich auch seine Vergangenheit als Stadt der Musen bei. Schließlich wollten die Gäste, zumal prominente, blaublütige, gebührend unterhalten werden. Entsprechend veranstaltete man schon in den 1820er-Jahren zuhauf Kurkonzerte und Theaterabende. Der Genius Loci sowie Schwefelquellen, Glaubersalz und Mutterlauge zogen auch eine Vielzahl von Künstlern an. In den örtlichen Gästelisten haben sich etwa Anton Bruckner und Johannes Brahms, Nikolaus Lenau, Johann Nestroy, Emmerich Kálmán und Oscar Straus verewigt. Und der König der leichten Muse, Franz Lehár, verbrachte von 1912 bis zu seinem Tod 1948 fast jeden Sommer in Bad Ischl.

Karte Seite 98

Süße Versuchungen in der legendären Konditorei Zauner

Lebendig wird der Geist des Komponisten in der Lehárvilla, heute ein **Museum.** In dem markanten Bau am südlichen Ufer der Traun entstanden zwei Dutzend Operetten, darunter »Die lustige Witwe«, »Der Graf von Luxemburg«, »Land des Lächelns« und »Der Zarewitsch«. Die Räumlichkeiten wurden soweit wie möglich so belassen, wie Lehár sie eingerichtet und bewohnt hatte. Sie beherbergen neben persönlichen Erinnerungsstücken des Maestro auch viele wertvolle Möbel und Gemälde, die er sich im Lauf seines langen Lebens ersammelt hat (Lehárkai 8; Anf. Mai–Ende Sept. Mi–So 10–17 Uhr).

Ischler Friedhof 9

Kulturhistorisch interessant ist der Gang über den Friedhof der Stadt, von dem die Schriftstellerin Hilde Spiel, die im nahen St. Wolfgang eine Sommervilla besaß, meinte, er zähle »zu den schönsten der Welt«. Eine Vielzahl berühmter Persönlichkeiten, unter ihnen Franz Lehár, dessen Komponistenkollege Oscar Straus und der Romancier Leo Perutz, fanden hier ihre letzte Ruhe.

Siriuskogl 10

Vom Friedhof sind es nur 15 Minuten über einen schönen Wanderweg hinauf zu einem der zu Recht beliebtesten Ausflugsziele der Ischler, den Siriuskogl (www.siriuskogel.at). Von der auf seiner Kuppe 1885 errichteten **Franz-Josefs-Warte** hat man eine prächtige Aussicht auf die Stadt und das Innere Salzkammergut. Der **Koglwirt** (Mai–Okt tgl., April, Nov., Dez. Do–So 11–22 Uhr; ●) serviert hier regionale Schmankerl, während Kindern Abenteuerspielplatz und Streichelzoo die Zeit vertreiben. Im Sommer gibt es am Turm auch Live-Konzerte.

Special

Kuren wie die Habsburger

Baden als Lebenselixier

Das heilende Bad ist spätestens seit der Antike integraler Bestandteil jeder Hochkultur, hinter dem Zauberwort Spa steckt die Formel *Sanus per aquam* – gesund durch Wasser. Medizinisch wirken dabei v.a. Kälte- und Wärmereize, die in Kombination mit mechanischen Einflüssen auf die Haut die Funktion der inneren Organe verbessern, etwa die Herztätigkeit und Harnabsonderung, den Puls oder Blutdruck. Im Salzkammergut spielen zusätzlich – nomen est omen – die salzigen Kristalle eine bedeutende Rolle. So regt eine Badekur in Sole, also Wasser mit mindestens 1,45% Kochsalzgehalt, besonders den osmotischen Stoffwechsel über die Haut an, hilft also speziell bei dermatologischen Leiden sowie, über den Weg der Inhalation, bei Atemwegserkrankungen. Auch Kosmetik mit Kristallsalz erweist sich als Jungbrunnen, regeneriert und strafft sie doch die Haut, reguliert ihren Feuchtigkeitshaushalt, schützt sie vor Umwelteinflüssen und vermindert die Faltenbildung.

Man suhlt sich genüsslich in Sole, Schwefel oder Schlamm, lässt sich mit heißen Steinen oder ayurvedischen Ölen massieren, schwitzt in Sauna, Dampfbad oder orientalischem Hamam die Alltagshektik aus allen Poren und trachtet mittels Atemgymnastik oder Qi Gong danach, ein Stück weit sich selbst zu finden. Dass gerade das Salzkammergut in puncto Kuren und Wellness vieles zu bieten hat, liegt nahe. Seine geschichtsträchtigen und teilweise luxuriösen Bäder, die ozonreiche Berg- und Waldesluft und nicht zuletzt die herzhafte Küche bilden ideale Voraussetzungen für entspannende Gesundheitswochen.

Thermenwelten

Ein Zentrum der Badelust und Heilkraft bildet seit nunmehr bald schon 200 Jahren **Bad Ischl.** Die dortige Therme, deren salzhaltiges Wasser speziell bei Rheuma und bronchialen Problemen hilft, ist Österreichs ältestes Solebad. Nachdem sie im Laufe der Zeit etwas Patina angesetzt hatte, erhielt sie vor ein paar Jahren eine bauliche Radikalkur. Seit 2009 verwöhnt die neue **Salzkammergut-Therme** (www.eurothermen.at) mit angeschlossenem Resort ihre Gäste bis Mitternacht unter andrem mit Solebecken und Whirlpools, weitläufigem Sauna-»Relaxium« und – unter freiem Himmel – einem künstlichen Fluss samt Gradierwerk, Grotte und Liegebereich mit Kiesstrand.

Mit gleich zwei Wellness-Oasen heißt **Bad Mitterndorf** die Erholungssuchenden willkommen: Sowohl als Wellness- als auch Sport- und Familien-Resort empfiehlt sich die erst 2009 eröffnete **GrimmingTherme** (www.grimming-therme.com), der ein Vier-Sterne-Clubhotel mit 166 Zimmern angeschlossen ist. Und einen exzellenten Ruf genießt das am Ortsrand am Wald gelegene **Vitalhotel Heilbrunn** (www.heilbrunn.at). Es vereint als österreichweit einziges Bad die drei natürlichen Vorkommen von Thermalwasser, Moor und Heilklima und besitzt sowohl ein großes Thermal-Hallenbad als auch ein Ganzjahres-Freibecken.

In **Bad Aussee** bietet man 2012/13 nur eingeschränkten Kurbetrieb nach Schließung des in die Jahre gekommenen Vital Bads (Info: www.vital.at). Oberhalb des Ortes entsteht aber die hypermoderne 20 000-m²-Therme **NarzissenBad** mit Saunalandschaft, Medical Spa, Panorama-Soleaußenbecken, Solesee-Grotte u.v.m. (Eröffnung Ende 2013).

Wellness-Hotels

Neben den vier Thermalzentren offeriert im Salzkammergut eine Reihe erstklassiger Wellness-Hotels ein vielfältiges Relax-Angebot. Zu den führenden Betrieben zählen das **Marienschlössl Eichingerbauer** › S. 50 in Mondsee, das **Hotel Winzer** › S. 61 in St. Georgen im Attergau, in Fuschl **Ebner's Waldhof am See** › S. 86 und das legendäre **Schloss Fuschl** › S. 84, die Hotels **Cortisen** (Boutiquehotel, keine Kinder; www.cortisen.at; ●●●) und **Weisses Rössl** › S. 93 in St. Wolfgang, die **Villa Seilern** › S. 106 in Bad Ischl, die **Seevilla** (Romantikhotel am See; www.seevilla.at; ●●–●●●) in Altaussee sowie **Erzherzog Johann** und **Die Wasnerin** › S. 130 in Bad Aussee.

Kaiservilla und Kalvarienberg

9 Kaiservilla › Kaiserpark › Photomuseum › Kalvarienberg › Pfandl

Dauer: Kaiservilla/-park ca. 3 Std., Kalvarienberg mit Elisabethwaldweg ca. 1 Std.
Praktische Hinweise: Die Kaiservilla ist ausschließlich im Rahmen von Führungen zu besichtigen, von Juni bis Sept. tgl. von 9.30–17 Uhr laufend (Wartezeiten ca. 5–20 Min.), im Okt. tgl., an Adventwochenenden Sa, So, Jan.–März nur Mi jew. 10–16 Uhr im Stundenrhythmus; Beginn jew. 15. Min. nach der vollen Stunde. Der Park ist ebenfalls zu den genannten Zeiten, das Photomuseum April–Okt. tgl. 9.30–17 Uhr geöffnet. Tickets gibt es preislich gestaffelt für den Zutritt zu: Park, Park nur mit Photomuseum bzw. mit Kaiservilla bzw. mit beiden. Infos: www.kaiservilla.at

Bad Ischl erstrahlt bis heute gleichsam in Schwarz-Gelb, den Farben der Habsburger. Einen ersten Zenith hatte sein Ruhm als Kurort bereits zu Zeiten Erzherzog Franz Karls (1802–1878) erreicht. Dieser war, das Aussterben des habsburgischen Geschlechts fürchtend, mit seiner Gattin Sophie zur Kur angereist. Und jene hatte ihm anschließend gleich drei der ersehnten Söhne geboren. Dann aber, 1848, bestieg einer dieser drei »Salzprinzen«, Franz Joseph, in Wien den Thron. Und der noch blutjunge Kaiser wählte nur fünf Jahre später das beschauliche Städtchen am Zusammenfluss von Ischler Ache, Rettenbach und Traun zu seiner jährlichen Sommerresidenz. Fünfzig Jahre lang sollte Bad Ischl fortan für etliche Wochen im Jahr den gesellschaftlichen Mittelpunkt des Habsburgerreiches bilden.

5 **Kaiservilla 11 und Kaiserpark

Architektonisches Zeugnis dieser Auserwähltheit legt ein spätklassizistisch überformtes Biedermeier-Landhaus ab. Dieses erhebt sich nördlich der Altstadt, im Ortsteil Jainzen, am östlichen Ufer der Traun, die ja Ischls Herz in einer weiten Schleife umfließt.

Die in klassischem Schönbrunner Gelb getünchte Kaiservilla ist ein Hochzeitsgeschenk der Kaiserinmutter an ihren Erstgeborenen und dessen künftige Gemahlin Sisi. Ihre zwei Flügel bilden in Anspielung auf den eigentlichen Namen der Braut, Elisabeth, ein E. 1854 zog das frisch getraute Ehepaar ein.

Bis heute wird ein Teil der Räumlichkeiten von einem Mitglied der Habsburgerfamilie bewohnt. Der Rest sind **Museumsräumlichkeiten der Kaiservilla,** Echt gut! die jedermann und -frau besichtigen kann. Ausgestellt ist allerlei typisch biedermeierliches Mobiliar, darunter jener Schreibtisch, an dem der greise Kaiser Ende Juli 1914 das Ultimatum an Serbien

In der Kaiservilla residierte Franz Joseph I. im Sommer mit seiner Sisi

unterschrieb und so den Ersten Weltkrieg auslöste. Ins Gedächtnis graben sich aber vor allem die Jagdtrophäen: Zehntausende ausgestopfte Auerhähne und Fasane, Schädel beziehungsweise Geweihe und Krickel von Hirschen, Gämsen und Rehen. Der Monarch war ein begeisterter – um nicht zu sagen manischer – Jäger.

Da wundert es wenig, dass sich seine Gemahlin, ohnehin jedem höfischen Zeremoniell abgeneigt, einen eigenen Zufluchtsort schuf. Ihr Teehaus, das sogenannte **Marmorschlössl,** liegt, umstanden von der majestätischen Baumvielfalt des weitläufigen **Kaiserparks,** mehrere Gehminuten vom Haupthaus entfernt. Es birgt heute **ein reich bestücktes Photomuseum mit 2012 neu konzipierter Ausstellung** **12**, die anhand historischer Bildobjekte, Kameras, Zubehör, Alben etc. die Geschichte der Fotografie seit ihren Anfängen um 1840 beleuchtet und das k.u.k-Bad Ischl fotografisch dokumentiert (April–Okt. 9.30 bis 17 Uhr bzw. nach Aushang).

Echt gut!

Kalvarienberg 13

Weiter auf den Spuren von Sisi, führt eine sowohl landschaftlich als auch kunstgeschichtlich lohnende Wanderung an den nordwestlichen Stadtrand zur **Kalvarienbergkirche.** Beginnend an dem der Kaiservilla gegenüberliegenden Traunufer steigt man durch die Leitenbergerstraße hügelan, an den Kapellen des Kreuzweges vorbei, bis auf die 600 m hohe, von der doppeltürmigen, mit Zwiebelhelmen bekrönten Kirche dominierte Bergkuppe. Im Inneren des zu Beginn des 18. Jhs. mit Spenden vermögender Ischler Bürger errichteten Gotteshauses ziehen das barocke Deckenfresko und die imposante Kreuzigungsgruppe den Blick auf sich.

Verlängern lässt sich der Ausflug, indem man den sogenannten

Elisabethwaldweg 14, den seinerzeit angeblich des Öfteren auch seine Namenspatronin begangen haben soll, in rund 20 Minuten weiterwandert bis zum rustikalen Traditionsgasthof **Zum Pfandl** (Steinbruch 1, tgl. 8–24 Uhr; www.gasthof-pfandl.at; ●).

Echt gut!

Die interessantesten Museen

- Im Sommer 2012, zum 150. Geburtstag des Jugendstilmalers wurde das **Gustav-Klimt-Zentrum** in Schörfling am Attersee eröffnet. › S. 58
- Die Geschichte Gmundens lässt das Museum im **Kammerhof** Revue passieren. Angeschlossen: das skurrile **Sanitärmuseum »Klo&So«** › S. 62
- In Ohlsdorf bei Gmunden steht der **Vierkant-Hof**, in dem **Thomas Bernhard** viele seiner grandiosen, verstörenden Bücher schrieb. › S. 67
- Im Gedenken an eine dunkle Vergangenheit, die sich nie wiederholen darf: ein Besuch im **Zeitgeschichte-Museum** und in der **KZ-Gedenkstätte** von Ebensee › S. 71
- Im **Mozarthaus St. Gilgen** weht noch der Geist von Wolfgang Amadeus, dessen Mutter hier 1720 geboren wurde. › S. 87
- Auf den Spuren von Franz Joseph und seiner Sisi wandelt man in der Bad Ischler **Kaiservilla.** Charmante Ergänzung: das **Photomuseum** im Marmorschlössl. › S. 104
- Das **Welterbemuseum** in Hallstatt lädt zur faszinierenden Zeitreise in die Prähistorie ein, die man per Audioguide am **Gräberfeld** auf dem Salzberg fortsetzen kann. › S. 119

Info

TVB Bad Ischl
Trinkhalle][Auböckplatz 5
4820 Bad Ischl
Tel. 06132/27757
www.badischl.com

Hotels

■ **EurothermenResort Hotel Royal**
Voglhuberstr. 10
Tel. 06132/204-0
www.eurothermen.at
Luxuriöses 4-Sterne-Gesundheits- und Relaxhotel, durch Panoramagang direkt mit der Salzkammergut-Therme verbunden. ●●●

■ **Villa Seilern**
Tänzlgasse 11][Tel. 06132/24132
www.villaseilern.at
Exklusives Vital Resort im Herzen der Kurstadt, Spa-Bereich, Küche, Bar – alles auf Top-Niveau. ●●●

■ **Oase**
Kreuterer Str. 72][Tel. 06132/23329
www.hotel-oase.at
Kleines, feines Haus in ruhiger Grünlage, mit modernen Zimmern. ●●

■ **Goldener Ochs**
Grazer Str. 4][Tel. 06132/23529-0
www.goldenerochs.at
Familiärer Traditionsbetrieb in Zentrumslage, private Spa-Landschaft auf über 500 m². ●–●●

■ **Stadt Prag**
Eglmoosgasse 9][Tel. 06132/23616
www.oberoesterreich.at/haus.stadt.prag
Freundlich-gemütliches Haus am grünen Stadtrand. ●

Restaurants

■ **Goldenes Schiff**
Stifterkai 3–5][Tel. 06132/24241
www.goldenes-schiff.at

Haubengekrönte Gourmetgenüsse, stilvolle Räume, im Sommer Traun-Terrasse mit Panoramablick. ●●●

■ **Weinhaus Attwenger**

Lehárkai 12][Tel. 06132/4810
www.weinhaus-attwenger.com
Feinschmeckerküche auf regionaler Basis in heimeligen Holzstuben, Gastgarten am Fluss. ●●●

■ **Zur Nocken Toni**

Köhlerweg 1][Tel. 06132/23327
www.nockentoni.at
Landgasthaus mit hervorragender und kreativer Regionalküche in gepflegtem Ambiente. Mo, Di geschl. ●●–●●●

■ **Bürgerstub'n**

Kreuzplatz 7][Tel. 06132/23568
Handfeste Hausmannskost in gemütlichem Rahmen. Mi geschl. ●●

■ **Chlumetzky**

Bahnhofstr. 8][Tel. 06132/21593
www.chlumetzky.at
Schmuckes Wirtshaus mit Schwerpunkt Steaks und Spareribs. ●

■ **Mojito**

Eglmoosgasse 4][Tel. 06132/26403
www.mojito-ischl.eu
Mexikanische Spezialitäten zur Abwechslung. Nette Zimmer im angeschlossenen Gasthof Sandwirt. ●

Nightlife

■ **K&K-Hofbeisl**

Wirerstr. 4][Tel. 06132/27271
www.kukhofbeisl.com
Nostalgisch angehauchte Bar, an Wochenenden Jugendtreff, sommers Gastgarten. Mo–Sa 8–4, So, Fei ab 10 Uhr.

■ **Stehbeisl**

Auböckplatz 6][Tel. 06132/21177
www.stehbeisl.at
Angenehme Adresse für hochprozentigen Schlummertrunk, auch gute Küche. Tgl. bis 2 Uhr.

Romantik-Diner im Traditions-Landgasthaus »Zur Nocken Toni«

Shopping

■ **Keramik-Studio Z**

Kreuterer Str. 55
Tel. 06132/230370
www.ischler-keramik.at
Kacheln, Vasen, Schalen, Haushaltsgerät, Fantasietiere, Kunstobjekte …; auch Schaubetrieb. Mi–Fr 8–12 und 13.30–17, Sa 10–12 Uhr.

■ **Gössl Trachten**

Pfarrgasse 6
Tel. 06132/23924
www.goessl.com
Fesches Traditionsgewand aus der Region für Sie und Ihn.

■ **Tausch Lebkuchen**

Schulgasse 1 (Ecke Pfarrgasse)
Tel. 06132/236341
www.ischler-lebkuchen.at
40 Lebkuchensorten, dazu Kerzen und Honige aus eigener Produktion.

■ **Hirschhornschnitzerei Ludwig Gratzer**

Perneck 22][Tel. 0680/3007831 od. 0660/3442977
Unikat-Schmuck aus Hirschhorn, Reh-Gams, Jagdknicker u.v.m. Schaubetrieb, Besuch nach Voranm., 4 km südöstlich von Bad Ischl.

Ausflüge in die Umgebung

Auf die *Katrin

Schon der allerdurchlauchteste Monarch höchstderoselbst geruhte **das Prachtpanorama von der Katrin** sehr zu bewundern. Kein Wunder, umfasst der Blick vom 1542 m hohen Gipfel, gutes Wetter vorausgesetzt, doch bis zu sieben Salzkammergut-Seen. Und der Dachsteingletscher liegt zum Greifen nah gegenüber. Bad Ischls Hausberg, der als Teil des Katergebirges zur mächtigen Osterhorngruppe gehört, ist seit alters ein Paradeausflugsziel.

Echt gut!

Rund 2½ Stunden benötigt man auf Schusters Rappen vom Ortsteil Kaltenbach im Tal bis zum Kaiser-Franz-Josef-Gipfelkreuz. Alternativ kann man mit der 1959 eröffneten **Baumkronen-Seilbahn** in nur 12 Minuten auf die Katrin-Alm schweben (Mai–Anf. Nov. tgl. 9–17 Uhr; www.katrinseilbahn.com). Dort versprechen ein Bergrestaurant und eine Almhütte Stärkung. Von der Bergstation sind es dann noch rund 40 Minuten bzw. 130 Höhenmeter leichten Fußes bis zum höchsten Punkt.

Burg Wildenstein und Nussensee

Eine idyllische, ca. 3½-stündige Wanderung führt, großteils im Schatten und ohne markante Steigungen, von der Katrin-Talstation – zu Fuß von der Stadt erreichbar auf der Traun-Esplanade und Hasnerallee – zur **Burgruine Wildenstein.** In deren heute romantisch-desolaten Mauern hatte einst der kaiserliche Pfleger seinen Sitz. Von dort geht es auf dem Römerweg zu dem inmitten waldiger Stille vor sich hin träumenden **Nussensee,** der im Sommer zum Baden einlädt.

Hohenzoller Wasserfall

Ein bezaubernder, viel begangener Spaziergang führt unweit der Kaiservilla, im Ortsteil Keutern, zum Hohenzoller Wasserfall. Er kann mit einem Rundweg über den **Jainzenberg** (834 m) verbunden werden und bietet unterwegs immer wieder schöne Doppelblicke auf Katrin und Dachstein, die schon Kaiserin Sisi geschätzt haben soll.

Museum Fahrzeug – Technik – Luftfahrt

Am Ufer der Traun, im Ortsteil Sulzbach direkt an der Bundesstraße in Richtung Süden/Graz, findet sich das in den 1990ern aus einer Privatinitiative hervorgegangene Museum für Fahrzeug- und Technikgeschichte. Es zeigt, liebevoll gestaltet, anhand von mehr als 300 Exponaten die Entwicklung von Autos, Zweirädern, Traktoren, Lokomotiven, Militärfahrzeugen und sogar Fluggerät über acht Jahrzehnte, zudem zahlreiche maßstabsgetreue Modelle (April–Okt. tgl. 9–18 Uhr; www.fahrzeugmuseum.at).

Aussichtswarte: das imposante Dachstein-Massiv

Hallstatt – Dachstein

Nicht verpassen!

- Den Bilderbuch-Ort Hallstatt besichtigen und oberhalb im Salzbergwerk, dem ältesten der Welt, auf eine unterirdische Zeitreise gehen
- Am Krippenstein in der Rieseneishöhle die Fantasy-Kulisse aus Gletschern, gefrorenen Domen und Wasserfällen bestaunen
- Auf dem Dachstein-Krippenstein-Plateau von der spektakulären Aussichtsplattform 5fingers in die Welterbe-Region hinabspähen
- Wandern im malerischen inneren Gosautal vor der Traumkulisse des Dachstein – vom Vorderen zum Hinteren Gosausee und über dem Tal auf der Zwieselalm

Zur Orientierung

Willkommen im Inneren Salzkammergut, der historischen Keimzelle der Region. Am Westufer des smaragdgrün funkelnden Hallstättersees, auf dem Salzberg oberhalb der Marktgemeinde Hallstatt, wurde schon vor über 2500 Jahren professionell Salz geschürft, früher als irgendwo sonst auf der Welt. Der kleine, auf einem schmalen Schwemmkegel kauernde Salinenort ist sogar Taufpate einer ganzen prähistorischen Epoche › Exkurs S. 118.

In der Welterberegion Hallstatt-Dachstein – diesen Titel hat die UNESCO jener historischen Kulturlandschaft 1997 verliehen – zeigt sich das Salzkammergut nicht nur von seiner geschichtsträchtigsten, sondern auch einer landschaftlich besonders spektakulären und sehr geheimnisvollen Seite. Seine mystische Wirkung verdankt der Hallstättersee der Schroffheit der ringsum aufragenden Berge. Eingezwängt wie ein Fjord liegt er zwischen dem Plassen, dem Hohen Sarstein und dem mächtigen, fast 3000 m hohen Dachstein-Massiv. Letzteres birgt zwei imposante Naturwunder – die Mammut- und die Rieseneishöhle, deren Eingänge man von Obertraun aus per Seilbahn erreicht. Kaum minder beeindruckend: die Koppenbrüllerhöhle unten im Tal. Ein Wanderparadies ist das Dachstein-Krippenstein-Plateau, wo die »5fingers« als wohl spektakulärste Aussichtsplattform der Alpen ein grandioses Panorama versprechen.

Wildromantisch ist das unweit von Hallstatt westwärts führende Gosautal – vor allem dessen von schroffen Gipfeln umrahmtes Ende mit den beiden über einen Fußweg erlebbaren Gosauseen. Traunabwärts, auf dem Weg nach Bad Ischl, warten mit Bad Goisern und Lauffen zwei weitere Orte mit einer langen Geschichte und etlichen Sehenswürdigkeiten.

Touren in der Region

Von Bad Goisern ins Gosautal

(10) Bad Goisern › Steeg › Gosauzwang › (Hallstatt ›) Gosau › Vorderer / Hinterer Gosausee › Zwieselalm

Länge: 1 Tag; ca. 50 km Fahrstrecke, Abstecher Hallstatt ca. 10 km zus. hin und zurück.

Praktische Hinweise: Für diese Tour sollte man solides Schuhwerk und ausreichend Trinkbares einpacken. Über Wanderrouten, Öffnungszeiten, Einkehrmöglichkeiten u.v.m. informieren die lokalen Tourismusverbände in Bad Goisern › S. 114, Gosau › S. 116 bzw. Hallstatt › S. 120.

Ob auf dem weitgehend flachen Spazierweg entlang des Vorderen und zum Hinteren Gosausee, über die sanftwelligen Matten der Zwieselalm oder, steiler und schweißtreibender, auf den Gipfel des Großen Donnerkogel bzw. zu einer der zahlreichen Hütten des Dachstein-Massiv: Die Gegend eignet sich idealtypisch zum Wandern. Und in den Talorten laden mehrere charmante Museen zur Besichtigung.

Die Fahrt von Bad Goisern zum Hallstättersee und weiter durch das Gosautal verläuft vor einer landschaftlich besonders anmutigen und gegen Ende geradezu spektakulären Kulisse. Den Anfang machen in ***Bad Goisern** › S. 113 die Besichtigungen des Heimat- und Landler- bzw. des Holzknechtmuseums sowie der Chorinskyklause, einer historischen Holzdriftanlage. Auf der B 145 traunaufwärts erreicht man bei **Steeg** den ***Hallstättersee** › S. 116. Ein möglicher Abstecher am Hin- oder Rückweg führt zum Bilderbuchort, der ihm den Namen gab: *****Hallstatt** › S. 117. Die eigentliche Route jedoch zweigt zuvor, beim **Gosauzwang,** nach Westen ab und verläuft durch ein lieblich-breites Tal bis nach **Gosau** › S. 115. Hier empfehlen sich jeweils kurze Wanderungen zum Löckernmoos, durch das Freilicht-Heimatmuseum und den Erlebnispark Urzeitwald.

Landschaftsjuwel ersten Ranges wartet im inneren Gosautal mit den ****Gosauseen** › S. 115: der **Vordere Gosausee** mit dem vergletscherten Dachstein-Massiv als Kulisse. Von hier wandert man zu Füßen des schroffzackigen Gosaukamms in ca. 1½ Std. zum **Hinteren Gosausee.** Wer lieber in die Höhe strebt, entschwebt mit der Dachsteinseilbahn auf die ***Zwieselalm** › S. 116, um sich dort, auf gut 1400 m ü. NN, eine Traumlandschaft vor Augen, ausgiebig die Beine zu vertreten.

Von Hallstatt auf den Krippenstein

(11) Hallstatt › Obertraun › Schönbergalm › Rieseneishöhle › Mammuthöhle › Krippenstein-Plateau › Welterbe-Spirale / 5fingers

Länge: 1 Tag, Wanderungen mit Seilbahn-Auf-/Abfahrten
Praktische Hinweise: Zufahrt nach Obertraun per Bahn oder Pkw. Mit der Dachsteinseilbahn bis zur Mittelstation Schönbergalm. Von dort jew. 15 Min. zum Eingang in die Rieseneis- bzw. Mammuthöhle. Per Gondel weiter zur Bergstation auf dem Krippenstein. Seilbahnbetrieb und Öffnungszeiten der Höhlen: Anf. Mai bis Ende Okt. tgl.; Infos: www.dachstein-salzkammergut.com. Achtung: Festes Schuhwerk und warme Kleidung sind für Höhlenbesucher unabdingbar! Für alle Höhlenführungen muss man sich vorab beim Informationsschalter an der Seilbahn-Mittelstation auf der Schönbergalm anmelden.

Karte Seite 112

Vom malerischen ***Hallstatt › S. 117 aus betrachtet, erhebt sich das Ziel imposant: der Dachstein. Entlang des Hallstättersees nach Süden, geht es dann von Obertraun › S. 121 mit der Dachsteinseilbahn zur Mittelstation. Ein kurzer Fußmarsch, dann taucht man ein in die bizarre Welt der **Rieseneishöhle › S. 121, eine der größten ihrer Art weltweit; nicht minder faszinierend ist die

10 **Von Bad Goisern ins Gosautal** Bad Goisern › Steeg › Gosauzwang › (Hallstatt ›) Gosau › Vorderer / Hinterer Gosausee › Zwieselalm

11 **Von Hallstatt auf den Krippenstein** Hallstatt › Obertraun › Schönbergalm › Rieseneishöhle > Mammuthöhle › Krippenstein › Welterbe-Spirale / 5fingers

****Mammuthöhle** › S. 122. Eine zweite Seilbahnetappe zur **Bergstation,** dann steht man auf dem gut 2100 m hohen ****Krippenstein** › S. 122. Ein atemberaubender 360°-Panoramablick lädt zum ausgedehnten Verweilen. Eine kurze Wanderung führt zu zwei äußerst spektakulären Aussichtspunkten: der **Welterbe-Spirale** und der Plattform ****5fingers**. Im **Eispalast,** dessen Räume chinesische Künstler vor einigen Jahren aus dem Gletschereis meißelten, taucht man in eine mystische Welt aus Eis, Licht und Klang.

Wer dann noch über etwas Kondition verfügt, wandert auf dem gut ausgebauten, familienfreundlichen und abwechslungsreichen **Heilbronner Rundwanderweg** › S. 123 zur **Gjaidalm** und zurück zur **Bergstation Krippenstein** (ca. 3 Std.).

Unterwegs in der Region

*Lauffen 1

Folgt man von Bad Ischl der Traun flussaufwärts Richtung Süden, erreicht man nach zwei, drei Autominuten Lauffen. Der kleine Markt, der sich malerisch in eine Talenge kuschelt, hat seinen Namen von den Schnellen, die den Fluss unpassierbar machten und erst Anfang des 16. Jhs. durch eine Winde überwunden wurden.

Sehenswert sind hier die spätgotische, innen barockisierte **Pfarrkirche Mariä Himmelfahrt,** mehr aber noch das ***Erlebnismuseum Anzenaumühle.** In dem über 400 Jahre alten Anwesen – heute ein Freilichtmuseum – wurden einst fünf Gewerbe ausgeübt: Landwirtschaft, Müllerei, Sägerei, Schwarzbäckerei und Gipsherstellung – zu sehen in den Wirtschaftsgebäuden (Mitte Mai–Anf. Okt. Di–Sa 10–12 und 15–18 Uhr; www.anzenaumuehle.at).

Ein lohnender Spazierweg führt vom Ort auf den **Kalvarienberg** und weiter zum **Burgstallkogel** (756 m), einem schönen Aussichtsplatz mit Bildstock.

*Bad Goisern 2

Hauptort des südlich von Lauffen sich weitenden Talabschnitts ist die Marktgemeinde Bad Goisern (7550 Ew.; 500 m). Ihr Name ist überregional bekannt durch die hier gefertigten strapazierfähigen Schuhe, die sogenannten »Goiserer« › S. 115, und in jüngerer Zeit auch als Geburtsort zweier Persönlichkeiten: im positiven Sinne mit Hubert Achleitner alias Hubert von Goisern, dem querdenkerischen Pionier der »Neuen Volksmusik« und Kulturbotschafter; im negativen mit Jörg Haider, dem Rechtspopulisten und – bis zu seinem Autounfalltod 2008 – Kärntner Landeshauptmann.

Karte Seite 112

Urig: der Gasthof Seeraunzn

Der bereits im 13. Jh. urkundlich erwähnte Ort war ursprünglich eine Salzarbeitersiedlung. Nachdem man 1876 bei Tiefenbohrungen eine Jod-Schwefelquelle entdeckte, stieg er zum angesehenen Kurort auf. Wer mehr über seine Geschichte und die des Tales wissen will, ist im **Heimat- und Landlermuseum** gut aufgehoben (Juni–Sept. Di–So 10–12, Mi und Fr auch 15–17 Uhr). Der Forstwirtschaft widmet sich das **Holzknechtmuseum** (Juni–Mitte Sept. Di–So vorm.), ein Kulturdenkmal des frühen 19. Jhs. dazu ist die **Chorinskyklause** im Weißenbachtal, eine Holzdriftanlage aus mächtigen Kalksteinquadern.

Als Kontrastprogramm bietet sich ein Besuch im **Alten Haus** des für seine eigenwilligen Objekte bekannten Gegenwartskünstlers Hans Reisenauer an (Pflegergasse 4; Führungen nach Voranm.; Tel. 06135/6554).

Dass Traditions- und Brauchtumspflege durchaus zeitgemäß interpretiert werden kann, zeigen Echt gut! **jedes Jahr im August die Gamsjagatage** (www.gamsjagatage.at).

Info

Ferienregion Dachstein Salzkammergut
Kirchengasse 4
4822 Bad Goisern
Tel. 06135/8329
www.dachstein-salzkammergut.at
www.bad-goisern.net

Hotels

Goiserermühle

Kurparkstr. 9][Tel. 06135/8206
www.hotel-goiserermuehle.at
Ein reizvoller Mix aus Tradition und Moderne im 4-Sterne-Wohlfühlhotel, direkt am romantischen Mühlbach. ●●–●●●

Agathawirt

St. Agatha 10][Tel. 06135/8341
www.agathawirt.at
Spezialisiertes Wander- und Mountainbikehotel in denkmalgeschütztem Gemäuer, sehr gutes Restaurant. ●●

Restaurants

Steegwirt

Steeg][Au 12
Tel. 06135/8302
www.steegwirt.at
Herzhafte Küche Marke Griaßknedl und Surbratln, aber auch Räucherforellen und fangfrischer Hecht in der geschichtsträchtigen Seeklause. ●–●●

Zur Post

Steeg][Au 30
Tel. 06135/8483][www.gh-post.at
Freundliches Gasthaus mit guter regionaler, aber auch asiatischer und Pizza-Küche. Mi geschl. ●

Seeraunzn

Obersee 41][Tel. 0676/4331263
www.seeraunzn.at
Uriges Ausflugslokal am östlichen Seeufer, 7 km von Bad Goisern, am Bahn-

hof und Schiffsanleger. Sonnige Seeterrasse mit Traumblick auf Hallstatt gegenüber. April–Ende Okt. tgl. (außer evtl. bei Schlechtwetter). ●

Shopping

■ **Steflitsch-Hackl**
Hauptstr. 47][Tel. 06135/8227
www.goiserer.at
Maßgefertigt und unverwüstlich: die legendären »Goiserer« – robuste traditionelle Schuhe für Alltag, Berg- und Wandertouren.

■ **Hand.Werk.Haus – S'Gschäft**
Schloss Neuwildenstein
Rudolf-von-Alt-Weg 6
Tel. 06135/50800
www.handwerkhaus.at
Top-Adresse für handgefertigte Qualitätsware aus der Region. Handwerksladen, lebende Werkstätten, Dauerschau, Vorträge u.v.m.

*Gosautal

Ein regelrechtes Paradies für Naturliebhaber ist das Gosautal. Bei der Anreise auf der B 166, die vom Westufer des Hallstättersees › S. 116 über den Pass Gschütt ins Salzburgische Lammertal führt, erblickt man am Taleingang ein technisches Kunstwerk, den sogenannten **Gosauzwang** 3: Über diesen Mitte des 18. Jhs. errichteten Brückenbau führt die Soleleitung von Hallstatt nach Ebensee.

Der gleichnamige Hauptort der Gemeinde **Gosau** 4 (1800 Ew.; 770 m) liegt in einer breiten Talmulde an der B 166. Auf eine kindgerechte prähistorische Reise zu Dinosauriern, Panzerfischen und Urzeitmenschen begibt man sich in **Gosau-Mittertal** 5 im Erlebnispark **Urzeitwald:** 16 Stationen fördern, auf ein 12 000 m² großes Waldareal verteilt, Geschicklichkeit und Wissen von Jung und Alt (Mai–Sept. tgl. 10 bis 18 Uhr; www.urzeitwald.at).

In **Gosau-Hintertal** 6 ermöglicht das **Freilicht-Heimatmuseum »Schmiedbauern«,** ein Paarhof aus dem 16./17. Jh., Einblicke in die Geschichte und Kultur der Talbevölkerung (Mai–Sept. Sa, So 11–18 Uhr). Weiter zurück, in die erdgeschichtliche Frühzeit, als das Salzkammergut aus Lagunen, Riffen und Tiefseegräben bestand, entführt das **Geomuseum »Jagabauernstadl«** (Sommer tgl. 10 bis 18 Uhr).

Zu den bezauberndsten Naturschätzen des Gosautals zählt das ***Löckernmoos** 7, das man auf einem schön angelegten Wanderweg umrunden kann. Hier liegt auch ein **Schleifsteinbruch,** der bis in die 1960er-Jahre eine Erwerbsquelle für die Talbevölkerung bildete (Juni–Okt. Moos- und Steinbruch-Führungen; Tel. 0664/1656535).

**Gosauseen und *Zwieselalm

Am Talschluss wartet mit den **Gosauseen ein landschaftlicher Höhepunkt:** Der **Vordere Gosausee** 8, den man bequem mit dem Pkw oder auch an Bord des »Gosauer Bummelzuges« (Traktor mit Personenanhänger) erreicht, bildet mit dem gletscherbedeckten Dreitausender-Gipfel des Dachstein im Hintergrund eines der

Echt gut!

Naturidyll Vorderer Gosausee

fotogensten Ansichtskartenmotive der ganzen Ostalpen.

An seinem Beginn kann man rechter Hand in den Gondeln der Gosaukammbahn hinauf zur ***Zwieselalm** 9 schweben, einem

Echt gut! **herrlichen Wandergebiet mit spektakulären Aussichten,** das mit dem großen Donnerkogel (2055 m) eine Herausforderung auch für Gipfelstürmer bereithält.

Unten im Tal gelangt man auf kindertauglichem, meist schattigem Weg, den See entlang und stets die bizarren Bergzacken des Gosaukamms vor Augen, über die Gosaulacke zum **Hinteren Gosausee** 10. An dessen Ende kann man sich auf der **Holzmeisteralm** mit Jausenspeck und Mehlspeisen stärken (Ende Mai–Mitte Okt).

Info

Tourismusinformation Gosau
4824 Gosau 547][Tel. 06136/8295
www.gosau.at

Hotel

Gosauerhof
Gosau 632][Tel. 06136/8229
www.gosauerhof.at
Sympathischer Familienbetrieb im Grünen. Toll: Panoramazimmer mit Süd-Loggia (Dachsteinblick). ●●–●●●

Restaurant

Kirchenwirt
Gosau 2][Tel. 06136/8196
www.kirchenwirt-peham.at
400 Jahre alter Gasthof mit bekannt guter Einheimischenküche, gemütlichen Gasträumen und schattigem Garten. Auch nette Zimmer. ●–●●

Shopping

Mineralien Gapp
Gosau 709][Tel. 06136/8753
www.fossilien-gapp.at
Gesteine und Fossilien aus der Region (Dachsteinmarmor) und aus aller Welt, zu bewundern im kleinen Museum und zu kaufen, auch zu Schmuck verarbeitet. Filiale am Vorderen Gosausee.

*Hallstättersee

Der Hallstättersee erstreckt sich über 8 km Länge und maximal gut 2 km Breite malerisch zwischen den Gipfeln des Dachstein-Massivs. Er ist sehr tief (bis zu 125 m) und deshalb selbst an Hundstagen ziemlich »frisch«. Folglich steht er als Baderevier im Schatten seiner flacheren, wärmeren Nachbarn im Norden – unter unverzagten Nudisten beliebte FKK-Badestrände liegen neben dem Strandbad **Untersee** (Bad Goisern) bzw. der Freibadanlage **Winkl** (Obertraun).

Karte Seite 112

Besonders intensiv kann man den dunklen Zauber des Sees erfahren, wenn man sich auf einer »Mutzen«, einem der traditionellen Holzkähne, auf denen früher Salz abtransportiert wurde, hinausrudern lässt. Einen Höhepunkt im jährlichen Brauchtumskalender bildet **Anfang Juni die Fronleichnamsprozession,** bei der solche Boote blumengeschmückt über den See kreuzen.

Echt gut!

Das ganze Sommerhalbjahr über besteht täglich die Möglichkeit zu **Schiffsrundfahrten** auf dem See (Info: Tel. 06134/8228; www.hallstattschifffahrt.at). Und wer tiefer eintauchen will: Hallstatt ist ein Tauchertreff, der örtliche **Tauchclub** bietet Kurse und Touren an, bei denen man mit Profi-Begleitung im kristallklaren Wasser die Uferklippen entlangschwebt (Tel. 0664/88600481, www.dive-adventures.at).

9 ***Hallstatt 11

Der Ort gilt, vergleichbar höchstens mit St. Wolfgang, als die Ikone des Salzkammergut-Tourismus schlechthin. Er zählt kaum mehr als 800 Einwohner, ist aber so berühmt, dass chinesische Investoren ihn kürzlich erst in der Südprovinz Guangdong als Kopie im 1:1-Format nachgebaut haben. Und als eine Art lebendiges Freiluftmuseum inneralpiner Architektur ist er so einzigartig, dass ihm die UNESCO 1997 zusammen mit der ganzen Region um den Dachstein den Ehrentitel Weltkulturerbe verlieh. Die Rede ist von Hallstatt, jener Gemeinde, die sich unvergleichlich fotogen an das Westufer des nach ihr benannten Sees schmiegt. So extrem schmal ist der Uferstreifen zwischen Berghang und See, und so dicht drängen sich die Häuser an-

Sogar China versucht es zu kopieren: Hallstatt am Hallstättersee

einander, dass sie teilweise sogar auf Pfählen direkt über dem Wasser stehen. Im Wesentlichen besteht der Ort aus einer Straße und dem miniaturhaften Marktplatz.

Bis weit ins 19. Jh. hinein war der Verkehr von Haus zu Haus hier nur mit Booten oder auf dem sogenannten »oberen Weg«, einem engen Gang über die einzelnen Dachböden, möglich. Auch mit der Außenwelt war der idyllische Flecken lange zu Land nur per Pferd und Maultier über einen Saumpfad verbunden. Erst 1862 wurde ein regulärer Schiffsverkehr eingerichtet, 1874 dann die zum Teil in den Fels gesprengte Straße entlang dem westlichen Seeufer gebaut und drei Jahre später Hallstatt auch an das Eisenbahnnetz angeschlossen.

*Pfarrkirche und Beinhaus

Das traditionelle Herzstück des Ortes, der mit seinen auf dem steilen Schüttkegel übereinander gestaffelten Fischerhäusern in seiner Gesamtheit wie ein lebendiges Freilichtmuseum wirkt, bildet die katholische ***Pfarrkirche Mariä Himmelfahrt.** Ihr mächtiger Turm ist ein Relikt des romanischen Vorgängerbaus. Glanzstücke ihres von feinen Sternrippen überwölbten Innenraumes sind die Kreuzigungsgruppe in der Kapelle an der Nordwand und der ***Doppelflügelaltar** an der Südwand des Chores. Beide werden einem Meister Lienhardt Astl zugeschrieben, der in den Jahren nach 1500 vermutlich in Gmunden eine Werkstatt betrieb. Der

Die Hallstattkultur

Es gibt wohl weltweit keinen zweiten Fall, in denen eine kleine, abgeschiedene Bergbaugemeinde einer ganzen Periode der Menschheitsgeschichte ihren Namen gab. Die Hallstattkultur verdankt ihre Bezeichnung einem ausgedehnten Gräberfeld, das Archäologen im 19. Jh. auf dem Salzberg oberhalb des Ortes zu Tage förderten. Sie entwickelte sich am Anfang der älteren Eisenzeit aus der bronzezeitlichen Urnenfelderkultur, wurde gegen Ende des 5. Jh. v.Chr. von der La-Tène-Kultur abgelöst und dominierte zu ihrer Blüte halb Europa, vom heutigen Ostfrankreich bis zum nördlichen Balkan. Ihre größte technologische Leistung war wohl die Einführung des Eisens als Nutzmetall, vor allem für harte Schwertklingen, aber auch landwirtschaftliches Gerät. Anlagen bewehrter Fürstensitze weisen auf kriegerische Kontakte in jener Zeit zwischen verschiedenen Stämmen hin. Parallel jedoch unterhielten die Menschen auch Handelsbeziehungen über große Distanzen. Belegt ist zudem eine deutliche soziale Hierarchisierung der Bevölkerung. Wobei das Luxusbedürfnis der Herrscher die Herausbildung spezialisierter Handwerke, zum Beispiel Waffen- und Goldschmiede, begünstigte. Reiche Grabfunde wie jene von Hallstatt zeigen das bereits hohe Niveau bei der Verzierung etwa von Schmuck, Waffen, Prunkgefäßen, aber auch Kultgeräten und Hausrat – zu sehen im Welterbemuseum.

Altar zeigt auf 16 Tafeln Szenen aus dem Leben der Gottesmutter und wird aufgrund seiner Feingliedrigkeit gerne mit Michael Pachers Meisterwerk in St. Wolfgang › S. 93 verglichen.

Ein wenig makaber, aber vielleicht gerade deshalb sehr sehenswert, präsentiert sich die Hallstätter ***Friedhofskapelle:** In ihrem romanischen Untergeschoss, einem Beinhaus, türmen sich – in Mitteleuropa einzigartig – rund 1800 kunstvoll geschichtete, handbemalte Totenschädel und Knochen zu einem eindrucksvollen Memento mori.

Römerfunde im Welterbemuseum

**Museum Hallstatt und *Gräberfeld

Auf dem Salzberg, 500 m oberhalb von Hallstatt, wurde im 19. Jh. ein Gräberfeld mit über 2000 Bestattungsstellen aus der Zeit von 900 bis 400 v.Chr. entdeckt. Ein Teil der rund 20 000 Fundstücke wanderte ins Naturhistorische Museum in Wien. Doch viele kostbare Objekte, Keramiken, Tierfiguren, Fibeln, Schwerter, Ringe und aus Fellen gefertigte Salzkufen, blieben vor Ort und sind heute im **Welterbemuseum** zu sehen. Insgesamt spannt die exzellent präsentierte Sammlung einen thematischen Bogen von der Stein-, Bronze-, Hallstatt- und Römerzeit über das Mittelalter bis zur touristischen Entwicklung im 19. Jh. Ein Schwerpunkt gilt, neben der Hallstattkultur, naturgemäß dem örtlichen Salinenwesen (Mai–Sept. tgl. 10–18, April, Okt. 10–16, Nov.–März Mi–So 11–15 Uhr; Tel. 06134/828015, www.museum-hallstatt.at).

Ihre Fortsetzung findet die Besichtigung im **Hallstätter Hochtal.** Es ist per Seilbahn zu erreichen (Betriebszeiten › Salzwelten S. 120) und wird neuerdings von einer Aussichtsbrücke überspannt, auf die man in einem 14 m hohen Panoramalift gelangt. Von dort wandert man, geleitet von Audioguides, **auf dem »Weg durch die Zeiten« über das berühmte Gräberfeld.** In einem begehbaren Schaugrab kann man einer keltischen Bestattungszeremonie beiwohnen.

Im **Rudolfsturm** wird die Geschichte des Johann Georg Ramsauer, dem Entdecker der Gräber, erzählt. Der Themenweg führt abschließend zum historischen Knappenhaus mit seiner Ausstellung über das harte Leben der Knappen des 19. Jhs.

**Salzwelten Hallstatt 12

Ebenfalls im Hallstätter Hochtal befindet sich der Eingang in die größte Sehenswürdigkeit des Ortes: das älteste Salzbergwerk der Welt. Die Anlage ist als **Besucherbergwerk** v.a. eine herausragende touristische Attraktion. Bei Führungen unternehmen Besucher eine erlebnis- und faktenreiche Zeitreise, die vom Erdaltertum über die Hallstattzeit bis zu den modernen Technologien der Salzgewinnung reicht. Höhepunkte der Tour sind die Megarutsche mit Radarmessung, die Fahrt mit der Grubenbahn, der unterirdische Salzsee und die abenteuerliche Schilderung, wie im Jahr 1734 drei Knappen tief im Berg den legendären »Mann im Salz«, die konservierte Leiche eines vermutlich im 1. Jahrtausend v. Chr. Verunglückten, fanden.

!! Führungen: Ende April–Mitte Sept. tgl. 9.30–16.30, 2. Sept.-Hälfte bis 15.30, Okt. bis 15 Uhr; Seilbahnbetrieb: 9–18 bzw. 17 oder 16.30 Uhr; Infos und vergünstigte Online-Tickets unter: www.salzwelten.at. Jeweils Freitag mittags werden exklusiv für Kleingruppen 4-stündige Prähistorische Expeditionen veranstaltet, bei denen man, ausgerüstet mit Schutzkleidung, Helm, Goretex-Schuhen und Stablampe, tief ins Herz des Berges hinabsteigt; Voranm.: Tel. 06132/2002400.

Echt gut! Thematisch passend empfiehlt sich die **Wanderung auf dem Soleweg.** Sie führt von der Bergstation der Salzbergbahn, oft schattig und immer leicht bergab, bis nach Ebensee › S. 70. Besonders reizvoll dank der herrlichen Seeblicke ist die erste, ca. dreistündige Etappe bis nach Steeg.

Info

Tourismusinformation Hallstatt
Seestr. 169][4830 Hallstatt
Tel. 06131/351-0
www.hallstatt.net
www.dachstein-salzkammergut.at

Hotels

Grüner Baum
Marktplatz 104][Tel. 06134/8263-0
www.gruenerbaum.cc
Echt gut! **Schickes Boutiquehotel mit Tradition und edelrustikalem Touch,** im Ortskern direkt am See, feines Restaurant »Zum Salzbaron«. ●●●

Haus Sarstein
Gosaumühlstr. 83][Tel. 06134/8217
www.pension-sarstein.at.tf
Nette Pension, Balkonzimmer direkt am See, mit eigenem Badestrand und Liegewiese; zwei Min. vom Marktplatz, aber abseits des Tagestourismus. ●

Restaurant

Zauner
Marktplatz 51][Tel. 06134/8246
www.zauner.hallstatt.net
Urgemütliche Stuben (und Zimmer), Fischspezialitäten, Bio-Fleisch vom Almvieh, Schlemmer-Tipp: die Salzfürstenplatte. ●●

Shopping

Keramik Hallstatt
Seelände 54
www.keramikhallstatt.com
Tongefäße, Figuren, Ofenkacheln, von Hand gefertigt.

10 ***Dachstein-Krippenstein

Faszinierende Einblicke unter Tag gewinnt man auch bei der nur 4 km entfernten Gemeinde **Obertraun** 13 (740 Ew.; 511 m). Hier, an der Südspitze des Hallstättersees, befindet sich die Talstation der **Dachsteinseilbahn,** von deren oberen Ende, am 2109 m hohen Krippenstein, sich ein herrlicher Blick über die Weltkulturerbelandschaft Hallstatt-Dachstein bietet (Betriebszeiten: www.dachstein-salzkammergut.com).

Von der Mittelstation **Schönbergalm,** wo, ideal für Familien, ein liebevoll angelegter Naturpark mit Erlebnispfad, Kletterparcours, Höhlenmuseum sowie Restaurant eingerichtet ist, gelangt man zu Fuß bequem in jeweils 15 Minuten zu den Eingängen von zwei der bedeutendsten Natursehenswürdigkeiten des Alpenraumes.

**Rieseneishöhle 14

Die Dachstein-Rieseneishöhle offenbart tief im Inneren des Kalksteinmassivs ein phantastisches **Labyrinth aus Eisbergen, Höhlengletschern und gefrorenen Wasserfällen.** Das insgesamt 37 km lange und rund 1,2 km tiefe Höhlensystem besteht, so haben Speläologen (Höhlenforscher) berechnet, aus einer Eismasse von rund 13 000 m³ mit einer Oberfläche von 5000 m². Erfahrene Guides führen alljährlich bis zu 180 000 Besucher durch eine Tropfsteinhöhle hinab in den »König Artus Dom«, über 25 m dickes Bodeneis zur »Großen Eiskapelle«. Dabei überraschen zahlreiche mit Licht-Ton-Installationen in Szene gesetzte Highlights,

Echt gut!

Surrealistisch anmutende Eisformation in der Dachstein-Rieseneishöhle

wie »Breathe«, die atmende Höhle, oder der »Klettermax« (Ende April–Mitte Juni, Sept., Okt. 9.15 bis 16, dazw. bis 16.30 Uhr).

Jeweils im August verwandelt sich die Eishöhle im Rahmen von sog. »**Eisklangkonzerten**« zum resonanzreichen Musiksaal.

Echt gut!

Spektakuläre Naturschönheiten

- Als hätte sie ein Riese einst mit mächtigem Schwerthieb aus dem Berg geschlagen, so senkrecht und düster scheint die **Drachenwand** am Südufer des Mondsees direkt aus dem Wasser fast 1200 Meter hoch emporzuwachsen › S. 50
- Als wildromantisch und an Sommertagen erfrischend kühl erweist sich die **Burggrabenklamm** an der Südspitze des Attersees. › S. 55
- Durchatmen in einem Naturidyll, wo einst Konrad Lorenz seine Graugänse beobachtete: am **Almsee** im gleichnamigen Tal. › S. 73
- Eine Gebirgskulisse wie aus dem Bilderbuch der Hochromantik: die beiden **Gosauseen** und im Hintergrund der gletschergleißende Dachsteingipfel. › S. 115
- Die **Rieseneishöhle**, eine der größten der Welt, harrt mit ihrer grandiosen Kulisse aus unterirdischen Gletschern, Eisseen und gefrorenen Wasserfällen im Dachstein-Massiv der Bewunderer. › S. 121
- Geheimnisumwittert und verwunschen, von Felswänden umkränzt in walddunkler Einsamkeit, so präsentiert sich zu Füßen des Toten Gebirges der **Toplitzsee**. › S. 135

**Mammuthöhle 15

Nicht minder eindrucksvoll und noch verzweigter ist die benachbarte Mammuthöhle. 60 km ihres Irrgartens aus Räumen und Gängen wurden bislang erforscht, knapp ein Kilometer wird bei den einstündigen touristischen Rundgängen durchwandert. Auch hier beeindrucken Licht- und Schatten-Installationen von Linzer Kunststudenten im Rahmen des Projekts »Höhlenwelt_Kunst«, die das Erlebnis noch intensivieren (Mitte Mai–Mitte Juni und Sept., Okt. 10–14.30, im Hochsommer bis 15 Uhr).

**Dachstein-Krippenstein-Plateau 16

Zurück ans Tageslicht und eine Seilbahnetappe in die Höhe zum ebenfalls zum UNESCO-Welterbe gehörige Dachstein-Krippenstein-Plateau. Dort wurde in jüngerer Zeit eine moderne »Wanderwelt« inszeniert: Von der Seilbahn-Bergstation führt ein barrierefrei zu absolvierender kurzer Erlebniswanderweg zum Aussichtspunkt **Weltnaturerbeblick,** ein in den Gletscher gemeißelter **Eispalast** mit jährlich wechselnden Eisskulpturen von der eiskalten Nofretete bis zu gefrorenen Formel-1-Boliden. Ein Panorama- und Fotopoint ist die sogenannte **Welterbe-Spirale;** der absolute Höhepunkt ist aber die **spektakuläre stählerne Aussichtsplattform **5fingers,** die wie eine Hand über einen mehr als 400 m tiefen Abgrund hinwegragt (kostenfrei zu begehen).

Echt gut!

Für Schwindelfreie: die Aussichtsplattform »5fingers« am Krippenstein

Besonders beliebt, weil sehr aussichtsreich und einfach zu begehen, ist auch der **Heilbronner Rundwanderweg** (ca. 3 Std.) vom Krippenstein auf einem Karstlehrpfad zum Heilbronner Kreuz und weiter zur malerischen **Gjaidalm** (auch Seilbahnstation).

Echt gut!

*Koppenbrüllerhöhle 17

Die dritte und jüngste der Dachsteinhöhlen liegt im Tal, rund 3,5 km östlich von Obertraun. Ein romantischer Waldweg führt zu ihrem Eingang. Bei den etwa einstündigen Führungen beeindrucken sowohl die Tropfsteingebilde als auch die gewaltigen unterirdischen Bäche – v.a., wenn sie zur Zeit der Schneeschmelze oder nach ergiebigem Regen stark angeschwollen sind (Ende April bis Anf. Okt. 9–16 Uhr; Führungen jew. zur vollen Stunde).

Unentwegte können durch das **Koppental** noch weiter bis nach Bad Aussee wandern › S. 131.

Info

Tourismusinformation Obertraun
4831 Obertraun 180
Tel. 06131/351][www.obertraun.at
www.dachstein-salzkammergut.at

Hotels

■ **Seehotel**
Obertraun 152][Tel. 06131/462
www.hallstatt-blick.at
Gemütliches Haus, ruhig am See gelegen, beheizter Pool im Garten. ●–●●

■ **Lodge am Krippenstein**
Obertraun-Winkl 52
Tel. 06131/21801][www.lodge.at
Top-Adresse für Bergfexe: Doppel- und Mehrbettzimmer auf 2000 m ü. NN, Sonnenterrasse mit Dachstein-Blick. ●

Restaurant

Höllwirt
Obertraun 29][Tel. 06131/394
www.hoellwirt.at
Familiengasthof mit rustikalem 70er-Jahre-Ambiente, aber tadelloser Schmankerlküche (Fischspezialitäten!) mit Riesenportionen. Mi geschl. ●●

Ausseerland

Nicht verpassen!

- Im Salzbergwerk von Altaussee der Geschichte des weißen Goldes auf den Grund gehen
- Ein Bootsausflug auf dem romantischen Grundl- und dem sagenumwobenen Toplitzsee
- In einem der urigen Traditionsgasthöfe einen fangfrischen Bach- oder Seesaibling verkosten
- In den Fußstapfen prominenter Künstler über die Kulturwege Via Artis wandern
- Auf dem Loser oder der Tauplitzalm Sonne tanken und dabei der prächtigen Landschaft ins Dekolleté schauen

Zur Orientierung

Folgt man der B 145 von Bad Goisern ostwärts über die Pötschenhöhe, gelangt man in einen etwas abgeschiedenen, doch gerade deswegen besonders charmanten Landstrich, der – heute im Bundesland Steiermark gelegen – seit alters eine Kernzone des Salzkammergutes bildet. Das Ausseerland, dieses seenreiche Becken zwischen dem Toten Gebirge, Dachstein- und Grimming-Massiv, gilt als Inbegriff einer mystisch-romantischen Alpenlandschaft: bei schönem Wetter eine liebliche Kulisse voller Almwiesen und Trachtenherrlichkeit, aber düster und geheimnisumwittert, wenn zwischen den Felswänden die Gewitterwolken hängen.

Bis vor wenigen Generationen lebte die Region allein von ihrem reichen Salzvorkommen, was das Schaubergwerk von Altaussee heute Besuchern hautnah vermittelt. Gegen Ende des 19. Jhs. entdeckten dann Adel, Bürgertum und Künstler aus Wien und Graz die Schönheit der Gegend, die bis heute von Bau- und Umweltsünden weitgehend unversehrt blieb. Das dichte Wanderwegenetz und die spezifische Holzarchitektur, mit blumenumrankten Veranden verzierte Villen, tragen zum Reiz dieses Refugiums für Sommerfrischler maßgeblich bei.

»Berg der Schätze«: am Besucher-Salzbergwerk Altaussee

Landschaftsjuwele sind der Altausseer See und der Grundlsee, auf denen Ausflugsschiffe verkehren, sowie, kleiner, doch ebenso funkelnd, der Toplitz- und Ödensee- sowie der Salza-Stausee. Seelenweitende Aussichten garantieren die Panoramastraßen auf den Loser und die Tauplitzalm, spannende Einsichten in die reiche Kulturgeschichte mehrere liebevoll gestaltete Museen.

Urbanes Zentrum der Region ist Bad Aussee, dessen schmucker Ortskern zum Besichtigungs- und Einkaufsbummel und dessen traditionsreiche Thermal-Solequellen zum erholsamen Bade laden.

Touren in der Region

Altaussee – Via Artis und Altausseer See

(12) Altaussee-Kurhaus › Fischerndorf › Altaussee-Kurhaus › Seewiese › Altaussee

Länge: Via Artis ca. 5 km, 2 Std.; Altausseer See ca. 7 km, ca. 2 Std.

Praktische Hinweise: Einigermaßen robustes Schuhwerk ist angeraten. Der Lehrpfad Via Artis auf Spuren von Kulturschaffenden ist als Rundweg konzipiert und gut begehbar. Infos und Gratis-Prospekte mit

Hofmannsthal, Schnitzler, Brahms und Richard Strauss, aber auch Herzl, Freud, Broch und Karajan … Die Liste der Literaten und Komponisten, Maler, Mimen und Wissenschaftler, die sich dem Ausseerland als Ferien- oder Dauergäste verbunden fühlten, liest sich wie ein Who's who des Geistesadels des 19. und 20. Jhs. Im Gemeindegebiet von ***Altaussee** › S. 131 macht ein abwechslungsreicher **Kultur-Wanderweg, genannt Via Artis,** vorbei an Infotafeln, Museen und einstigen Feriendomizilen, mit Leben und

Echt gut

Übersichtskarten sind im Tourismusbüro › S. 132 erhältlich. Wer das Thema weiter vertiefen will, findet in der Region zwei weitere Künstlerwege: die Via Artis Bad Aussee › S. 130 und die Via Artis Grundlsee › S. 128. Die Altausseer Seerunde verläuft auf gut markierten Wegen und Pfaden, abschnittsweise an Felswänden entlang. Die Richtung der Runde ist optional, der Höhenunterschied vernachlässigbar.

Wirken diverser Prominenter bekannt. Die Route beginnt im **Kurhaus,** wo ein liebevoll gestaltetes Literaturmuseum auf das Thema einstimmt. Entlang der Hauptstraße führt der Weg, beim Café Fischer links abzweigend, zur ehemaligen Königsgarten-Villa, wo Friedrich Torberg lebte und schrieb. 300 m weiter steht die Seevilla, in der Johannes Brahms 1882 mehrere Kammermusikwerke uraufführte. Über die Seepromenade gelangt man, vorbei an der Pfarrkirche, zur ehemaligen Villa des Romanciers Jakob Wassermann. Ein Stück noch das Ufer entlang und bei der Jausenstation **Kalßeneck** scharf nach links hügelan, wandert man zum »Großen Künstlerblick«, einen prächtigen, der Aquarellmalerin Christl Kerry gewidmeten Aussichtspunkt, und von dort in weitem Bogen durch den Ortsteil **Fischerndorf** zurück ins Ortszentrum.

Eine unbedingt zu empfehlende Ergänzung bildet der malerische Fußpfad um den ***Altausseer See** › S. 131. Er führt von ***Altaussee** fernab des motorisierten Verkehrs teils durch Wald, teils unmittelbar am Ufer entlang, mit herrlichem Blick auf das Dachstein-Massiv; regelmäßig laden Aussichtsbänke zur Rast. Auf halbem Weg, auf der ***Seewiese,** wartet die **Bilderbuch-Jausenstation »Jagdhaus« mit hausgemachten Spezialitäten** auf; unbedingt probieren: frische Strudel (Mai–Okt. tgl. ab 10 Uhr; ●). Ist der Bauch dann zu voll für den Rückweg am anderen Ufer, kann man auch per Linienschiff – übrigens Österreichs erstes mit Solarantrieb – zurück nach ***Altaussee** schippern (Tel. 03622/20501, www.altausseeschifffahrt.at).

Echt gut!

(12)

Altaussee – Via Artis und Altausseer See Altaussee-Kurhaus › Fischerndorf › Altaussee-Kurhaus › Seewiese (› Fischerndorf per Schiff) › Altaussee

(13)

Drei-Seen-Tour Grundlsee-Seeklause › Gössl › Toplitzsee › Kammersee › Gössl › Grundlsee-Seeklause

Drei-Seen-Tour

(13) Grundlsee-Seeklause › Gössl › Toplitzsee › Kammersee › Gössl › Grundlsee-Seeklause

Länge: Zwei Bootsfahrten, zwei kurze Wanderungen, insgesamt ca. 3 Std.; mit Wanderung Via Artis Grundlsee ca. 2 Std. zusätzlich.
Praktische Hinweise: An schönen Sommerwochenenden wird man diesen wildromantischen Ausflug wohl nicht gerade in Einsamkeit unternehmen. Wer kann, weicht deshalb am besten auf einen Tag unter der Woche aus. Für die Fußmärsche von Gössl und zum Kammersee bzw. für die Via Artis empfehlen sich Wanderschuhe. Die Schiffe verkehren Mai–Okt., nicht aber bei Schlechtwetter. Informationen: Tel. 0676/6462510, www.3-seen-tour.at. Bei Zeitknappheit bietet sich alternativ die Möglichkeit zur etwa 1-stündigen Schiffsrundfahrt auf dem Grundlsee. Auskünfte über die Drei-Seen-Tour und die Via Artis erhält man im Informationsbüro Grundlsee › S. 134.

Diese Kombination von Schiffsausflug und kleiner Wanderung führt in einen entlegenen, äußerst malerischen Winkel des steirischen Salzkammerguts und kommt dem Bedürfnis nach Entschleunigung und Natur pur sehr entgegen.

Man besteigt am Westufer des ***Grundlsees** › S. 134 (Anlegestelle »Seehotel – Seeklause«) eines der motorisierten, wunderschön altmodischen Ausflugsschiffe mit Namen »Rudolf« oder »Traun«, um in beschaulichem Tempo 6,5 km weit bis nach Gössl am gegenüberliegenden Seeende zu fahren. Wer gut zu Fuß ist, legt diese Etappe am Nordufer, auf der **Via Artis Grundlsee auf Spuren schöpferischer Persönlichkeiten** (Echt gut!) wie Sigmund Freud und Herbert von Karajan, zurück. Der ebenfalls an der Seeklause beginnende Lehrpfad führt, stets in Sichtweite des Sees, zum Bräuhof, durch die Ortsteil Rösslern und Gaiswinkl ins »Kreuz«, von dort, nach einem Abstecher zum Gasthaus Ladner, nach Schachen und schließlich nach **Gössl**.

Von der Schiffsstation wandert man auf ebenem Gelände, zu Füßen einer mächtigen Felswand und im Anschluss über schattigen Waldweg in etwa 20 Minuten zum Ufer des geheimnisumwitterten ***Toplitzsees** › S. 135. Auf ihm gleitet man an Bord einer »Plätte«, dem regionaltypischen, kastenförmigen und kiellosen Holzboot, an mächtigen Wasserfällen vorbei ans Ostufer.

Ein zweiter kurzer Fußmarsch führt an den nicht minder romantischen **Kammersee** › S. 135, wo man einen weiteren gischtenden Wasserfall, den Ursprung der Traun, besichtigt.

Dann geht es wieder zurück nach **Gössl** und per Schiff nach **Grundlsee-Seeklause.**

Unterwegs im Ausseerland

*Bad Aussee 1

Die »Hauptstadt« des steirischen Salzkammerguts (5000 Ew.) liegt am Zusammenfluss der aus dem Grundl- und dem Altausseer See gespeisten Quellflüsse der Traun. Sie verdankt ihre Entstehung den reichen Salzlagerstätten der Region, schon Ende des 13. Jhs. befand sich hier das landesfürstliche Salzsudwerk. Die heilkräftige Sole verschaffte dem Ort 1868 den Status eines Kurortes und 1911 den Titel »Bad«. Dank des salzhaltigen Wassers, des gesunden Höhenklimas und der liebreizenden Landschaft ist der Tourismus bis heute wesentlicher Wirtschaftsfaktor. Im Zentrum des Wohlfühl-Angebots stand bis zu seiner Schließung im Sommer 2012 das Sole-Mineralbad »VitalBadAussee«, das bis Ende 2013 etwas außerhalb, auf dem Lerchenreither Plateau, in moderner Form als »NarzissenBad« wiederauferstehen wird › Special S. 102.

Um 1300 erhielt der Ort weitreichende Marktrechte. Von der darauf folgenden Blüte als Handelsstadt zeugen eine Vielzahl alter, mit Fresken und Sgraffiti dekorierter Bürgerhäuser, aber auch mehrere bedeutende Sakralbauten: die gotische **Stadtpfarrkirche St. Paul,** die ähnlich alte, später barockisierte **Kalvarienbergkapelle** St. Leonhard und die **Heilig-Geist-Kirche** aus dem 14. Jh., die dem ehemaligen Salinenspital als Kapelle diente und einen von Kaiser Friedrich III. gestifteten Flügelaltar birgt.

Kammerhofmuseum und Kurpark

Ein besonderes Schmuckstück stellt der gotische **Kammerhof** dar. Im Kern über 800 Jahre alt, war er ursprünglich Sitz der Salinenverwaltung. Heute beherbergt er ein sehenswertes **Heimatmuseum,** das sich v.a. den Themen Brauchtum, Volksmusik und Tracht, Salzgewinnung, Fossilien- und Höhlenkunde widmet. In seinem reich freskierten Kaisersaal übernachteten einst Friedrich III. und Kaiser Maximilian (Chlumeckyplatz 1, Tel. 0676/83622520; Anf. Mai–Ende Okt.).

Besuchenswert ist der vor seinen Toren in der warmen Jahreszeit jeden Do Vormittag abgehaltene **Lebensmittelmarkt.**

Die Mercedesbrücke im Kurpark

Karte Seite 126

Lohnend ist ein Spaziergang durch den nahen **Kurpark.** Dort markiert der **Mittelpunkt-Stein,** wie Geodäten ermittelten, Österreichs geografischen Nabel. Dieser ist seit 2005 in Szene gesetzt durch die futuristische **Mercedesbrücke** in Form des Logos der Automarke › Bild S. 129.

Nahebei erinnert ein Denkmal an den in der Steiermark als Modernisierer bis heute populären **Erzherzog Johann** (1782–1859). Es ist auch die erste Station der Echt gut! **Via Artis auf Spuren von Künstlern und Denkern** des 19. und frühen 20. Jhs., die am Kurzentrum beginnt und als Rundweg über das Ausseer Plateau führt (ca. 12 km).

Info

TVB Ausseerland-Salzkammergut
Bahnhofstr. 132
8990 Bad Aussee
Tel. 03622/54040-0
www.ausseerland.at

Hotels

Erzherzog Johann
Kurhausplatz 62
Tel. 03622/52507-0
www.erzherzogjohann.at
Gediegenes 4-Sterne-Traditionshaus mit hauseigenem Gourmetrestaurant, 500 m² großer Spa-Landschaft. ●●●

Die Wasnerin
Sommersbergseestr. 19
Tel. 03622/52108
www.diewasnerin.at
Design trifft Tradition: luxuriöses, modernst ausgestattetes Wellness-Hotel mit 2000-m²-Badewelt in grandioser Lage mit Dachsteinblick. ●●●

Restaurants

Kalßwirt
Sießreithstr. 58][Tel. 03622/55215
www.kalsswirt.at
Regionale Schmankerlküche in gehoben-rustikalem Ambiente. ●●

Konditorei Lewandofsky
Kurhausplatz 144][Tel. 03622/53013
www.temmel.com
In-Treff für alle Feriengäste mit sündhaft leckerem Kuchen- und Tortensortiment.

Nightlife

Salzhaus
Sießreithstr. 165][Tel. 03622/53653
www.salzhaus.com
Pizzeria, Disco, Lounge mit hohem Szene-Faktor. Mi–So ab 17 Uhr.

Shopping

Ausseer Gwand
Kurhausplatz 63][Tel. 03622/52732
www.ausseer-tracht.at
Renommierte Maßschneiderei für Dirndl, Spenzer, Fest- und Alttrachten.

Sepp Wach
Bahnhofstr. 108][Tel. 03622/52114
www.handdrucke-seppwach.at
Feine, handbedruckte Trachtenstoffe und Seiden.

Leithner Hüte
Bahnhofstr. 129][Tel. 03622/52818
www.ausseer-hut.at
Gegründet 1532: Original-traditionelle Ausseer Hüte in über 200 Modellen.

Mayers Genussladen
Kammerhofgasse 227
Tel. 0699/10827809
www.genussladen.at
Kulinarische Spezialitäten und Mitbringsel wie Ausseerland-Saibling, Bio-Speck, -Salami und -Schmalz, Essige und Öle.

Ausflüge von Bad Aussee

Alpengarten 2

Naturliebhaber und Hobbybotaniker zieht es in das **Naturerlebniszentrum Alpengarten,** 3,5 km nordwestlich von Bad Aussee, das auf 12 000 m² mehr als 2000 verschiedene Pflanzen aus der Region und aus aller Welt beherbergt (Ischlbergstr. 67, Mai–Sept. tgl. 8–18 Uhr; www.neza.at).

Koppental 3

Eine wunderschöne, ca. 3-stündige Wanderung führt traunabwärts die alte Eisenbahnlinie entlang durch die romantische Wildnis des Koppentales Richtung Obertraun. Attraktionen unterwegs sind eine **Hängebrücke** über die wilde Koppentraun und, ganz im Westen bei Obertraun, die **Koppenbrüllerhöhle** › S. 123.

11 *Altaussee 4

Ein charmantes Refugium für Naturliebhaber ist der am Südwestrand des Toten Gebirges gelegene Kurort Altaussee (1800 Ew.; 700 m) in malerischer Landschaft am Westufer des ***Altausseer Sees**. Auf ihm findet – im jährlichen Wechsel mit dem Grundlsee – ein **Bootskorso als Höhepunkt des Narzissenfestes** statt (Ende Mai/Anf. Juni; › S. 134)

Echt gut!

Eingehendere Beachtung im Ort selbst lohnen die **Pfarrkirche St. Ägyd,** deren Inneres u.a. Altarbilder von Leopold Kupelwieser und ein gotisches Sakramentshäuschen zieren, sowie das im Kurhaus untergebrachte **Literaturmuseum,** das sich eingehend mit dem Wirken der dichtenden Wahlaltausseer befasst. Es dient im Sommer jeden Montag als Ausgangspunkt für »Literarische Dorfspaziergänge« (tgl. außer So und Fei nachm., Juni–Sept. auch vorm.; www.literaturmuseum.at).

Echt gut!

Die unvergesslichsten Events

- Exquisite Kammermusik und Literatur sind im Rahmen der **Musiktage Mondsee** zu genießen. › S. 48
- Beim **Ebenseer Glöcklerlauf** werden auf spektakuläre Weise die bösen Rauhnachtgeister vertrieben. › S. 70
- Alle drei Jahre als Kontrapunkt zum Salzburger Vorbild: der **Faistenauer Jedermann** als Dialektversion von Hofmannsthals berühmter Bühnenparabel. › S. 82
- In Bad Ischl, der Hauptstadt der Operette, schwelgt man jeden Sommer beim **Lehárfestival** in zuckersüßer k&k-Melodienseligkeit. › S. 99
- Bei den **Gamsjagatagen** in Bad Goisern treffen Tradition und Brauchtum auf Spaß und Weltoffenheit – jedes Jahr mit neuen Ideen. › S. 114
- Auch für Agnostiker unvergesslich ist die Teilnahme vom Boot aus an der **Fronleichnamsprozession** auf dem Traun- bzw. Hallstättersee. › S. 33 bzw. S. 117
- Der Blumenkorso der Boote auf dem Altausseer oder dem Grundlsee beim alljährlichen **Narzissenfest** ist eine Augenweide. › links u. S. 134.

Eine thematische Ergänzung dazu bietet die **Via Artis** › S. 125, die von Brahms bis Torberg über prominente einst in Altaussee urlaubende oder ansässige Künstler informiert.

**Salzwelten Altaussee 5

Altaussees Hauptattraktion ist aber der »Berg der Schätze«, die sogenannten »Salzwelten«. Hinter der Bezeichnung verbirgt sich Österreichs größtes aktives Salzbergwerk. Als Besucher (Kinder ab 4 Jahren) erlebt man beim Gang durch die schier endlosen Stollen die Schönheit des Steinsalzes in all seinen vielfältigen Formen und Farben. Der Weg führt durch die »Kammer des geronnenen Lichts« bis zur Barbara-Kapelle. Über zwei Bergmannsrutschen, ein besonderer Spaß für Groß und Klein, gelangt man hinab zum unterirdischen Salzsee, auf dem eine musikalisch untermalte Multimediaschau das Erlebnis intensiviert.

Unterwegs in den gut gesicherten und ausgeleuchteten Gängen bekommt man neben montanistischem Wissen auch die spezielle Rolle des Ortes in der Endphase des Zweiten Weltkriegs vermittelt. Damals lagerte man in den tiefen Stollen, um sie vor den Fliegerbomben zu schützen, große Teile der Bestände der Wiener Kunstmuseen. Im April 1945 planten die Nationalsozialisten, den immensen Schatz, darunter Meisterwerke von Michelangelo, Dürer, Rubens, Vermeer u.v.a., zu sprengen, was beherzte Knappen erst im allerletzten Moment verhinderten (Ende April–Ende Okt. tgl. ab 9 Uhr; www.salzwelten.at).

Noch mehr über Geschichte und Gegenwart des Salzbergbaus erfährt man auf der **Via Salis,** einem ganzjährig begehbaren Lehrpfad mit 23 Stationen, der im Westen des Ortes, zu Füßen des Sandlingberges, in einer großen Runde über 8 km durch das malerische Hügelland führt. Bei Station 6 kommt man zur Ruine **Pflindsberg,** wo eine Panoramaplattform einen grandiosen Rundblick über das gesamte Ausseerland bietet (30 Gehminuten vom Ortsrand).

Info

Informationsbüro Altaussee
Fischerndorf 61][8992 Altaussee
Tel. 03622/71643
www.altaussee.at

Hotels

■ **Leuner**
Fischerndorf 144][Tel. 03622/71650
www.gasthof.leuner.at
Netter, familiär geführter Gasthof in zentraler Ruhelage. ●●

■ **Loser**
Fischerndorf 80][Tel. 03622/71373
www.gasthof.loser.at
Gehoben-bodenständiger Traditionsgasthof, zwei Gehminuten vom See, behagliche Zimmer, hauseigenes Spezialitätenrestaurant. ●●

Restaurant

Wirtschaft Altaussee
Fischerndorf 191
Tel. 0676/3401608

Panoramablick vom Loser, im Vordergrund der Altausseer See

Gemütliches Edelbeisl, Gourmetküche aus regionalen Produkten und Rezepten, gut sortierte Weinbar, nette Terrasse. Mo geschl., Sept.–Juni auch So. ●●

Shopping

Haselnus

Puchen 57][Tel. 03622/71252

www.haselnus.at

Qualitätvolle Trachtenmode aus eigener Schneiderei.

*Blaa-Alm 6 und **Loser 7

5 km von Altaussee und bequem über Fahrstraße oder Wanderweg erreichbar, liegt die **Blaa-Alm.** In dem verträumten, von Felsgipfeln umstandenen Talschluss lädt ein stimmungsvolles Wirtshaus samt Jagd- und Naturmuseum (Eintritt frei!) zur Einkehr.

Von dort führt eine 9 km lange, in der Regel von April bis Weihnachten befahrbare **Mautstraße** in 16 Kehren auf den Ausseer Hausberg, den Loser. Am Ende wartet **ein Traumblick über das Ausseerland bis zu den Hohen Tauern und mit der Loserhütte ein uriges Berggasthaus.** Das Plateau ist auch beliebtes Paraglider- und Drachenflieger-Revier, die nahe dem Gasthaus starten.

Echt gut!

Von der Loserhütte empfiehlt sich die recht bequeme Besteigung des **Loser-Aussichtsgipfels** (1837 m; ca. 1½ Std.).

Nahe der Hütte beginnt auch ein schöner **Geo-Erlebnisweg,** der auf 25 Stationen über die Geo(morpho)logie dieser hochalpinen Region informiert.

Und seine Schwindelfreiheit testen kann man im **Omunduntn-Hochseilkletterpark** an der Straße zur Blaa-Alm (Lichtersberg 83, www.loser-outdoor.at).

Hotel

Hagan Lodge

Lichtersberg 84][Tel. 03622/72323

www.hagan-lodge.at

Hüttendorf mit 46 Holzchalets, ideal für Aktivsportler, auch Selbstversorger. Ganzj.; 4 Pers. ab 124 €. ●–●●

Restaurants

■ **Blaa-Alm**

Lichtersberg 73][Tel. 03622/71102
www.blaa-alm.co.at
Zu Recht berühmtes Ausflugslokal in naturgeschütztem Talschluss, herzhafte Schmankerlkost, kinderfreundlich mit großem Abenteuer-Spielplatz. ●●

■ **Loserhütte**

Fischerndorf 81][Tel. 03622/71202
www.loserhuette.at
Die urige Alpenvereinshütte auf 1540 m Seehöhe serviert steirische Spezialitäten aus Großmutters Kochbuch; Sonnenterrasse mit famosem Panoramablick. Auch rustikale 2- und Mehrbettzimmer bzw. Matratzenlager. Tgl. je nach Wetter Mai–Nov. 9–19, Dez.–Ostern 9–16 Uhr. ●

12 *Grundlsee 8

Auf eine generationenlange Tradition als Sommerfrischenregion blickt auch der Grundlsee zurück. Sein nur wenige Autominuten östlich von Bad Aussee gelegener Hauptort ist, wie das gesamte Nordufer, gespickt mit stattlichen Villen und auch Schlösschen aus der Gründerzeit.

Im **Kaiserlichen Stall,** einem denkmalgeschützten Holzbau (17. Jh.) gleich am Ortseingang, eine Station der **Via Artis** › S. 128, finden im Sommer Ausstellungen zur Kulturgeschichte der Landschaft und ihrer Bewohner sowie Kunst-Vernissagen statt (Juni bis Sept. tgl. 10–12, 16–18 Uhr; Tel. 03622/8568).

Ihr Sonntagskleid legt die Landschaft stets im Spätfrühling an, wenn wild wachsende Narzissen die Bergwiesen in ein duftend weißes Blütenmeer tauchen. Seit 1959 inszeniert die Bevölkerung alljährlich in der zweiten Mai-Hälfte ein Wochenende lang mit großem Aufwand das **Narzissenfest.** Dessen Höhepunkt und Abschluss bildet jeweils ein Autokorso durch Bad Aussee sowie ein Bootskorso, der abwechselnd in einem Jahr auf dem Grundl- und im nächsten auf dem Altausseer See › S. 131 stattfindet (Infos: www.narzissenfest.at).

Echt gut!

Romantischer geht's nicht: am Grundlsee-Ufer

Bei Besuchern sehr beliebt ist die sogenannte **Drei-Seen-Tour** › S. 128 auf dem Grundlsee und seinen beiden Nachbarn, dem Toplitz- und dem Kammersee.

*Toplitzsee und *Kammersee

Ein Ziel für Romantiker und Mystiker ist ein über 2 km langer, mehr als 100 m tiefer Bergsee, erreichbar einzig auf einem bequemen Fußweg von der Ortschaft **Gössl** 9 am Ostende des Grundlsees aus. Der ***Toplitzsee** 10 liegt, **gespeist von zwei Wasserfällen, wie ein Smaragd in walddunkler Bergszenerie.** Er verdankt nicht verstummenden Gerüchten, die SS hätte 1944/45 in ihm sagenhafte Kunstschätze, Goldreserven und Geheimdokumente, versenkt, internationale Bekanntheit. Einige mit Medienaufwand inszenierte Tauchexpeditionen förderten jedoch vom schlammigen Grund bisher nichts wirklich Wertvolles zutage, sondern überwiegend rostiges Kriegsgerät.

Echt gut!

Wo man das Toplitzsee-Ufer erreicht, hilft das beliebte Ausflugslokal **Fischerhütte,** Durst und Hunger zu stillen. Von hier führt nur noch ein Klettersteig das steile Ufer entlang. weshalb »Normalwanderer« lieber auf hölzernen Kähnen, genannt »Plätten«, auf die Ostseite übersetzen.

Von dort sind es nur noch ein paar Minuten über einen Waldpfad und ein paar Treppen bis zum **Kammersee** 11. Der Wasserfall, der diesen speist, gilt als Quelle des Flusses Traun.

Die Fischerhütte am Toplitzsee

Info

Informationsbüro Grundlsee
Mosern 25][8993 Grundlsee
Tel. 03622/8666][www.grundlsee.at

Hotel

Seehotel Grundlsee
Mosern 22][Tel. 03622/86044
www.seehotelgrundlsee.at
Tradition meets Moderne: **Schickes 4-Sterne-Haus in Uferlage** mit Haubenrestaurant »Max's« und »Spa-Radies«, direkt über dem See. ●●●

Echt gut!

Restaurants

Gasthof Max Schraml
Bräuhof 14][Tel. 03622/8642
Gutbürgerliche Küche, serviert in alten Zirbenstuben, Gastgarten unter Kastanien mit Traum-Seeblick. ●●

■ **Fischerhütte am Toplitzsee**
Gössl 172][Tel. 03622/8296
www.toplitzsee.at
Für seine Fisch- und Jausengerichte zu Recht gepriesenes Ausflugsrestaurant mit großer Seeterrasse. ●●

Echt gut!

■ **Gasthof Veit**
Gössl 13][Tel. 03622/8212
Urige Einkehr in idyllischer Lage, gerühmt für ihre deftige Bauernküche. ●

Die moderne GrimmingTherme

Bad Mitterndorf 12

Die Marktgemeinde Mitterndorf (3100 Ew., 800 m) liegt am äußersten Südostrand des Salzkammerguts und ist touristisch vor allem als Kur- und Wintersportort von Bedeutung.

Eine Visite wert ist hier das **Heimatmuseum Strick** mit seiner privaten Sammlung von Münzen, Werkzeugen, Waffen, bäuerlichem Hausrat, Nikolomasken und Krippenfiguren (nur nach Voranm.; Tel. 03623/2217).

Seit 1972 ist Bad Mitterndorf offiziell Kurort, eine Attraktion für die Klientel ist die 2009 eröffnete, moderne **GrimmingTherme** › Special S. 102. Auf insgesamt 8000 m² sorgt sie mit einer vielgestaltigen, auch kindgerechten Wasserwelt sowie mit Saunadorf, Wellness- und Beautycenter, ergänzt durch ein luxuriöses Aldiana-Clubhotel, für ganzheitliches Wohlbefinden (tgl. 9–22 Uhr; www.grimming-therme.com).

Info

Infobüro Bad Mitterndorf
8983 Bad Mitterndorf 59
Tel. 03623/24444
www.bad-mitterndorf.at

Hotel

Zauchenwirt
Zauchen 1][Tel. 03623/2911
www.zauchenwirt.at
Sympathischer Landgasthof mit Drei-Stern-Komfortzimmern, sehr kinderfreundlich, beste Regionalküche. ●●

Restaurant

Grimmingwurzn
Bad Mitterndorf 354
Tel. 03623/3132
www.grimmingwurzn.com
Haubengekröntes Gourmet-Aushängeschild der Region. Unbedingt Tisch reservieren! ●●●

Ausflüge von Bad Mitterndorf

Salza-Stausee 13

Eingebettet zwischen dem Kemmetgebirge und den Ausläufern des Grimming, der 2351 m hohen Landmarke an der Zufahrt vom steirischen Ennstal ins Salzkammergut, liegt der Salza-Stausee. Eine Bootspartie auf dem 5 km langen, romantischen Gewässer ist Balsam für die Seele.

*Ödensee 14

Etwas südlich der B 145, zwischen Bad Mitterndorf und Bad Aussee, liegt ein kostbares Naturjuwel: der Ödensee. An seinem gänzlich unverbauten Ufer und in der ihn

Karte Seite 126

umgebenden Flusslandschaft hat man sogenannte »Erlebnispunkte« eingerichtet, an denen Wanderer über Themen wie Wald, Wasser, Blumen, Geologie, Torfstich, Hochmoor, Fischzucht, Karstquellen u.v.m. fundiert informiert werden (Führungen nach Voranm. Mai–Okt., Tel. 0664/2762794, www.naturerlebnis-oedensee.at).

Kampl-Rundweg

Wunderschön ist auch die Wanderung über den Kampl-Rundweg, der von Bad Mitterndorf aus, vorbei an etlichen »Glücksplätzen« › S. 20, 14 km durch weitgehend unberührte Naturlandschaft führt. Ein empfehlenswerter Abstecher ist dabei die **Knödl-Alm** oberhalb von **Knoppen** 15. Hier kommen – nomen est omen – deftige und süße Knödelgerichte auf den Tisch, im Hofladen kann man Produkte des Bio-Bauernhofs kaufen, wie Kürbiskernöl, Honig, Käse, Säfte und Hochprozentiges (Hofführungen und Schnapsverkostungen nach Anm.; Tel. 03624/21132, www.urig.at; Kfz-Anfahrt über B 145).

Tauplitz 16 und *Tauplitzalm 17

Hauptanziehungspunkt der Region Bad-Mitterndorf-Tauplitz ist die herrlich unversehrte Bergwelt mit ihren weitläufigen Wäldern, Wiesen und Almen, die sommers vielfältige Möglichkeiten zum Wandern und Mountainbiken bieten – und winters zum Alpin- und Langlaufen › Special S. 138. Dies gilt besonders für das Sonnenplateau der **Tauplitzalm,** erreichbar vom Talort **Tauplitz** über eine ganzjährig befahrbare Mautstraße oder per Vierer-Sesselbahn. Die Alm selbst ist durch vier Sessel- und in der Wintersaison außerdem durch 15 Schlepplifte erschlossen, zwischen Juni und September verkehrt zudem ein Bummelzug. Ihre insgesamt sechs kristallklaren **Bergseen** lassen sich Frühjahr bis Herbst auf einer 4- bis 5-stündigen Route mühelos erwandern.

Ein Blickfang am Südrand von Tauplitz ist die **Skiflugschanze am Kulm** 18, bis dato viermal WM- und regelmäßig Weltcup-Schanze (www.skifliegen.at).

Info

Infobüro Tauplitz
8982 Tauplitz 71
Tel. 03688/2446
www.dietauplitz.com

Hotel

Der Hechl
Tauplitz 64][Tel. 03688/2268
www.hotel-hechl.at
Generationenalter Familienbetrieb in sonniger Südlage mit Grimmingblick, weitläufiger Wohlfühloase, eigener Skischule und Almhütte. ●●●

Restaurant

Thomahof
Klachau 22][Tel. 03688/2110
Geschichtsträchtiger Gasthof mit Hausmannskost und Nikolomuseum mit 60 traditionellen Holzmasken. Sa geschl. ●–●●

Special

Paradies für Wintersportler

Ob Alpinski oder Langlauf, Tourengehen, Snowboardfahren, Rodeln oder Eislaufen – das Salzkammergut ist ein Wintersportparadies par excellence. Besonders in den inneralpinen Lagen herrscht in der Regel von Ende November bis um Ostern – auch dank großflächiger Beschneiung mittels Schneekanonen – weitgehende Schneesicherheit.

Alpin-Dorado

In der kalten Jahreszeit bietet die Region, vom harmlosen Anfängerhügel und »blauen« Pisten über mittelschwere »rote« bis zu langen, steilen »schwarzen« Pisten vom Novizen bis zum Könner unbegrenztes Skivergnügen. Ein Paradies für Alpinfahrer bildet mit 9 Seilbahnen, über 50 Liftanlagen und 140 Pistenkilometern in allen erdenklichen Schwierigkeitsgraden die Region **Dachstein-West** mit den Orten Gosau, Russbach und Annaberg (www.dachstein.net). Weitere Skidestinationen mit bestens ausgebauter Infrastruktur sind die **Tauplitzalm** › S. 137/Bild oben (40 km Pisten; www.dietauplitz.com), die Region **Gaißau-Hintersee** › S.83 südlich des Fuschlsees (40 km; www.gaissauhintersee.at), das Gebiet **Kasberg-Grünau** › S. 72 im Almtal (40 km; www.kasberg.at), der Altausseer **Loser** › S. 133 (30 km; www.loser.at), die **Postalm** › S. 91 über Strobl (20 km; www.postalm.at) und, auch für Freerider, die **Arena Krippenstein** › S. 121 in Obertraun (20 km; www.krippenstein.com).

Auf Loipe und abseits der Piste

Wer den Alpinski-Trubel im Salzkammergut vermeiden will, findet in vielen Langlaufloipen eine geruhsame Alternative, die prächtige Winterlandschaft zu genießen. Allein in der Region Fuschl z.B. warten 145 km gespurte Loipen. Rund um den Wolfgangsee ist es ein Netz von rund 70, um den Dachstein von über 100 und im Ausseerland gar von 230 km. Von Kennern gepriesen werden u.a. die Langlaufzentren **Rettenbachalm** (bei Bad Ischl), **Panorama Nova** auf dem Predigtstuhl und in **Ramsau** (beide bei Bad Goisern) sowie auf der **Postalm** › S. 91; als Langlaufdorf bekannt ist **Faistenau** › S. 82 (www.langlaufdorf.at). Die Loipenbenützung ist überwiegend, aber – Achtung! – nicht mehr ausnahmslos überall kostenfrei; mancherorts kan man dem Langlaufen dank Flutlichtanlagen sogar bis in die späten Abendstunden frönen.

Auch **Tourengeher,** sei es auf Skiern oder Schneeschuhen, finden im Salzkammergut ungezählte Möglichkeiten im freien – und lawinensicheren – Gelände vor. Ebenso ist das Netz präparierter, beschaulicher **Winterwanderwege** dicht gestrickt.

Rodeln, Eislaufen & Co.

Erschöpft ist das Angebot winterlicher Aktivitäten jedoch auch damit keineswegs. Wer gerne auf glatten Kufen talwärts saust, findet über die Region verstreut insgesamt 18 sorgsam geräumte und teilweise abends ausgeleuchtete (Natur-)**Rodelbahnen.** Ähnlich groß ist die Zahl an **Eislaufplätzen.** Beliebt bei Einheimischen wie Gästen mit gemütlicherem Naturell ist das – mit dem Curling entfernt verwandte – traditionelle **Eisstockschießen.** Dem geselligen Freizeitvergnügen kann man auf über 50 Bahnen frönen.

Und wer die Winterluft und zauberhafte Schneelandschaft lieber passiv genießen will, kann, eingemummt in wärmende Wolldecken, eine romantische **Pferdeschlitten- bzw. -kutschenfahrt** (je nach Schneelage) unternehmen. Stämmige Rösser mit Zwei- und Vierspännern stehen dafür unter anderem in Fuschl, Faistenau, St. Wolfgang, Strobl, Mondsee, Zell am Moos, Bad Ischl, Bad Goisern und Gosau bereit.

Ein populärer Zuschauersport sei, last but not least, nicht unerwähnt: das **Skispringen,** mit der Skiflugschanze am Kulm in Tauplitz › S. 137 als Hochburg.

Wintercard

Beim Sparen helfen die vom 1. Nov. bis 15. April gültige **Salzkammergut Winter-Card,** die für 4,90 € in allen Tourismusbüros und Info-Stellen sowie in vielen Hotels, Pensionen und Partnerbetrieben der Region erhältlich ist, aber auch diverse regionale Skipässe und Pauschalangebote. Auskünfte dazu sind erhältlich bei **Salzkammergut Tourismus** › S. 140, zum Wintersport im Salzkammergut auch unter **www.wintersport.at.**

Infos von A–Z

Ärztliche Versorgung

Gesetzlich versicherte EU-Bürger und Schweizer haben Anspruch auf medizinische Versorgung gegen Vorlage der Europäischen Krankenversicherungskarte (EHIC). Privatversicherte müssen Behandlungskosten direkt vor Ort begleichen, der Abschluss einer Reisekrankenversicherung inkl. Rücktransport im Notfall ist empfehlenswert.

Feiertage

1. Januar (Neujahr), 6. Januar (Hl. Drei Könige), Ostermontag, 1. Mai (Tag der Arbeit), Christi Himmelfahrt, Pfingstmontag, Fronleichnam, 15. August (Mariä Himmelfahrt), 26. Oktober (Nationalfeiertag), 1. November (Allerheiligen), 8. Dezember (Mariä Empfängnis), 25./26. Dezember (Weihnachten).

Informationen

- **Salzkammergut Tourismus,** Salinenplatz 1, 4820 Bad Ischl, Tel. 06132/26909, www.salzkammergut.at
- **SalzburgerLand Tourismus,** Wiener Bundesstr. 23, 5300 Hallwang bei Salzburg, Tel. 0662/6688-44, www.salzburgerland.com
- **Oberösterreich Touristik GmbH,** Freistädter Str. 119, Tel. 0732/7277-280, www.touristik.at
- **Steiermark Tourismus,** St. Peter Hauptstr. 243, 8042 Graz, Tel. 0316/4003-0, www.steiermark.com
- **Österreich Werbung,** www.austria.info.at. Urlaubsservice für D, A, CH; aus allen drei Ländern gebührenfrei tgl. 9–17 Uhr, Tel./Fax 00800 400 20000

Notruf

Euronotruf: 112; Polizei: 133; Notarzt: 144; Bergrettung: 140; Feuerwehr: 122; ÖAMTC-Pannenhilfe: 120.

Öffnungszeiten

Geschäfte i.d.R. Mo–Fr 8/10–18, Sa bis 17 Uhr, mittags z.T. geschlossen; einige Läden, etwa für Souvenirs, sind auch an So und Fei geöffnet. Banken i.d.R. Mo bis Fr 8.30–12 und 14–16.30 Uhr, Postämter Mo–Fr 8–12 und 14–18 Uhr. Das Gros der Museen ist, wie international oft üblich, montags geschlossen.

Telefonieren

Vorwahlen: nach Österreich 0043, nach Deutschland 0049, in die Schweiz 0041. Bei der Vorwahl einzelner Orte wird, wenn man von außerhalb Österreichs anruft, die 0 weggelassen.

Prepaid-Telefonkarten für öffentliche Fernsprecher erhält man zu 10, 15 und 35 € in allen Tabak-Trafiken.

Das Handynetz ist flächendeckend (im Berg- bzw. Schluchtgebiet evtl. Funkschatten). Recht unterschiedlich, aber inzwischen dank EU-Gesetzgebung gedeckelt, sind die Roaming-Gebühren der österreichischen Mobilfunkbetreiber (A1, T-Mobile, One, Hutchinson).

Zoll

Für EU-Bürger gibt es keine Beschränkungen für Warenmengen des persönlichen Bedarfs. Für Schweizer sind 200 Zigaretten oder 50 Zigarren, 1 l Spirituosen, 2 l Wein, Souvenirs und Geschenke bis zu 300 CHF zollfrei.

Urlaubskasse	
Tasse Kaffee	2,40 €
Softdrink	2 €
Glas Bier (0,3 l)	2,30 €
Kugel Eis	1,20 €
Taxifahrt (ca. 10 km)	10–12€
Mietwagen/Tag	ab 55 €

Register

Bildnachweis

Attergauer Kultursommer: 60; Atterseeschiffahrt/Ch. Parzer: U2-Top12-01, 53; Bildagentur Huber/Gräfenhain: 49, 63, 124; Bildagentur Huber/Huber Hans-Peter: 40; Bildagentur Huber/Raccanello Sandra: 38; Bildagentur Huber/Schmid Reinhard: 85; Bildagentur Huber/Spila Riccardo: 31; Dachstein Presse/Leo Himsl: 123; Dachstein Presse/Schoepf: U2-Top12-10; Dachstein Welterbe: 121; Die Tauplitz: 138; Fotolia/Adamus: 96; Fotolia/Ernst Pieber: 102; Fuschlsee Tourismus: 79; Inneres Salzkammergut: 116; iStockphoto/4FR: U2-Top12-11, 6; iStockphoto/Kemter: 82; iStockphoto/Anastasiya Piatrova: U2-Top12-05; iStockphoto/Jiri Sebasta: 2-1, 64; iStockphoto/Wekwek: U2-Top12-09, 117; K-Hof Kammerhof Museen Gmunden: U2-Top12-02, 62; laif/Melanie Dreysse: 114; laif/Florian Jaenicke: 86; Leopold Museum, Wien/APA-Fotoservice/Fischer: 58; LOOK-foto/Hermann Erber: 21, 24; LOOK-foto/Rainer Mirau: 9, 109; LOOK-foto/Ingolf Pompe: 87; LOOK-foto/TerraVista: 50, 92, 133; mauritius images/alamy: 52; mauritius images/imagebroker/KFS: 56; mauritius images/imagebroker/Siepmann: 101; mauritius images/imagebroker/Michael Zeghers: 5; mauritius images/Manfred Segerer: 80; mauritius images/Martin Siepmann: 14, 105, 129; mauritius images/Wolfgang Weinhäupl: 17, 57, 66; mauritius images/Westend61: 11, 54, 135; MondSeeLand: 18; STMG/Heilinger: 68; STMG/Fritz Neumüller: 22; STMG/Ch. Parzer: U2-Top12-12, 2-2, 134; STMG/Popp: 73; Therme Grimming: 136; TV Bad Ischl/OÖ Tourismus: U2-Top12-08; TV Bad Ischl/Wolfgang Stadler: 95; TV Grünau im Almtal: U2-Top12-03; TV Mondseeland, Mondsee-Irrsee: 42, 47; TV Traunsee: 70; TVB Attergau: 61; TVB Ausseerland – Salzkammergut: 2-3, 35; TVB Fuschlsee: U2-Top12-04; Kurt-Michael Westermann: 32, 69, 119; Wikipedia/El_bes: 55; Wikipedia/Wolfgang Sauber: U2-Top12-06; Wolfgangsee Tourismus GmbH: 74; Wolfgangsee Tourismus GmbH/Weinhäupl: U2-Top12-07, 78, 89, 90; Wolfgangseeschifffahrt & Schafbergbahn: 26, 94; Zur Nocken Toni: 107.

Polyglott im Internet: www.polyglott.de

Impressum

Wir freuen uns, dass Sie sich für einen Reiseführer aus dem Polyglott-Programm entschieden haben. Auch wenn alle Informationen aus zuverlässigen Quellen stammen und sorgfältig geprüft sind, lassen sich Fehler nie ganz ausschließen. Wir bitten um Verständnis, dass der Verlag dafür keine Haftung übernehmen kann. Ihre Hinweise und Anregungen sind uns wichtig und helfen uns, die Reiseführer ständig weiter zu verbessern.
Bitte schreiben Sie uns:
GVG TRAVEL MEDIA GmbH, ein Unternehmen der GANSKE VERLAGSGRUPPE
Redaktion Polyglott, Harvestehuder Weg 41, 20149 Hamburg, redaktion@polyglott.de

Wir wünschen Ihnen eine gelungene Reise!

Herausgeber: GVG TRAVEL MEDIA GmbH
Redaktionsleitung: Grit Müller
Autor: Walter M. Weiss
Redaktion: Christian Steinmaßl, München
Bildredaktion: GVG TRAVEL MEDIA GmbH und Ulrich Reißer
Layout: Ute Weber, Geretsried
Titeldesign-Konzept: Studio Schübel Werbeagentur GmbH, München
Karten und Pläne: Theiss Heidolph und Kartografie GVG TRAVEL MEDIA GmbH, Hamburg
Satz: Ute Weber, Geretsried
Druck und Bindung: Stürtz Mediendienstleistungen, Würzburg

Printed in Germany
Dieses Buch wurde auf chlorfrei gebleichtem Papier gedruckt.
ISBN 978-3-8464-0005-0

PEFC
PEFC/04-31-1404

Langenscheidt Mini-Dolmetscher Österreichisch

Das Österreichische hat viel mit dem Bairischen gemeinsam. Nur die Vorarlberger stehen sprachlich dem Schwäbischen näher. Der ständige Kontakt Altösterreichs mit den vielen Völkern der Habsburgermonarchie, aber auch mit den Nachbarn ließ zusätzlich vielerlei sprachliche Elemente ins Österreichische einfließen. So ist diese Sprache bis heute voller Eigenheiten, die dem (Nord-)Deutschen weitgehend fremd sind.

aba, ober [owa]	herunter
allweil, allerweil [oiwei]	immer, stets
anbandeln [anbandln]	flirten
auffi	hinauf
ausgsteckt is	Anzeige durch einen Föhrenzweig, dass ein Heuriger geöffnet hat
Backhendl	Backhähnchen, frittiert
benzen [benzn]	betteln, bitten, tadeln
blad [blaad]	dick
brocken	pflücken
büseln [büsln]	schlafen
Bussel, Busserl	Kuss, Küsschen
dalkert [doikad]	dumm, kindisch, ungeschickt
damisch	dumm
Deka	10 Gramm
Dulliöh [dulliäh]	Rausch, Ausgelassenheit
Erdäpfel	Kartoffeln
fad	langweilig
fesch	hübsch, flott, gut angezogen
Fierant	(Markt-) Händler
Frittate	Pfannkuchen, geschnitten
Gatsch [gaadsch]	Matsch, Brei
geldig [gödig]	reich
Gelse [Göissn]	Stechmücke
gelt? [göi]	nicht wahr?
gespritzt [gschbritzt]	verdünnt (mit Mineralwasser)
Gfrett, Gefrett	Plage, Mühe, Ärger
Glump, Glumpert	wertloses Zeug
gmahte Wiesen	sicherer Erfolg
Goscherl	Mund
grantig	übel gelaunt
gschert, geschert	dumm, grob, ungebildet
Haberer [hawara]	Freund, Kumpan, Liebhaber
hatschen [hadschn]	schlendern, hinken, schleppend gehen
Hauer	Winzer
heurig	diesjährig
Jänner	Januar
Jause	Zwischenmahlzeit
keppeln [keppln]	schimpfen, keifen
klauben [klaubn]	pflücken, aufsammeln
kletzen [klezzn]	zupfen, kratzen
knotzen [knozzn]	herumlümmeln
kommod	bequem, angenehm
kraxeln [kraxln]	klettern
Krügel [Krügl]	Halbliterglas (Bier)
Kukuruz	Mais
kusch!	halt den Mund!
Lackerl [lackal]	Pfütze, kleine Menge Flüssigkeit
Lapp	einfältiger Mensch
leiwand [leiwaund]	ausgezeichnet, toll
marod	krank, geschwächt
Matura	Abitur
Obers	Schlagsahne (süss)
paschen [boschn]	klatschen
patschert [bodschad]	unbeholfen
pflanzen [pflanzn]	foppen, ärgern
picken [bickn]	kleben
Piefke	Deutscher (abwertend)
pomali	langsam
Powidl	Pflaumenmus
pressieren [bressian]	eilig sein
Putzerei	Reinigung
rass	scharf, beissend, feurig
raunzen [raunzn]	nörgeln, jammern
resch	knusprig
Sackerl [sackal]	Papier- oder Plastiktüte
schiech [schiach]	hässlich
Schmäh	Scherz, Witz, Versuch auf den Arm zu nehmen
sekkant	zudringlich, lästig
Servus!	Begrüßungs- oder Abschiedsgruß unter Bekannten (wörtlich: Diener)
stad [schdaad]	ruhig, still
Stamperl [schdampal]	kleines Schnapsgläschen
strawanzen [schdrawanzn]	sich herumtreiben
Trafik [trafík	Tabakladen
tramhapert [draamhapat]	geistesabwesend, unausgeschlafen
tummeln	sich beeilen
wuzeln [wuzln]	wickeln, drehen, sich durchdrängen
zizerlweis	in kleinen Schritten, nach und nach